LE CHANSONNIER FRANÇOIS.

OU RECUEIL

DE CHANSONS

Ariettes, Vaudevilles & autres
Couplets choisis.

I. RECUEIL.

M. DCC. LX.

TABLE

DES CHANSONS, ARIETES, &c.

Contenues dans ce Recueil.

LE CHANSONNIER

LE
CHANSONNIER
FRANÇOIS

L'INSTRUCTION

Air. *Comme v'la qu'est fait.* (Nº. 1.)

Maman dit que l'Amour est traître,
Qu'il tourmente comme un lutin ;
Je voudrois pourtant le connoître,
Dit, un jour, Agnès à Colin :
Mon desir est inexprimable,
Veux tu bien me le montrer ?.... Oui.
Instruire un jeune objet aimable,
Qui comme vous est accompli.
   Ah.... qu'c'est joli !
   Ah.... qu'c'est joli !

Satisfais mon impatience,
Et mets moi donc bien vite au fait.
Oui ! mais, dit-il, pour plus d'aisance
Passons dans le prochain bosquet.

A

Colin l'embrasse, & la caresse ;
La Bergere l'embrasse aussi.
Le desir de sçavoir la presse,
Poursuis, dit-elle, mon ami ;
     Ah.... qu'c'est joli !
     Ah.... qu'c'est joli !

Un soupir d'Agnès fait éclore
Les graces du plus joli sein.
Le Berger des yeux les devore,
Il y porte une heureuse main.
Agnès de cet apprentissage,
De plaisir sent son cœur ravi.
Etre ignorante, ah.... quel dommage !
Car si tout, dit-elle, est ainsi ;
     Ah.... qu'c'est joli !
     Ah.... qu'c'est joli !

Colin plus loin pousse la chance.
L'Amour lui prêta son flambeau,
Et mit, pour aider sa science,
Sur les yeux d'Agnès son bandeau.
Tout sentiment, par la tendresse,
Devient en elle anéanti.
Mais revenant de son yvresse,
Elle dit, en faisant un cri :
     Ah.... qu'c'est joli !
     Ah.... qu'c'est joli !

PETIT à petit l'ignorante,
S'inſtruit au gré de ſes deſirs.
Fille aiſément devient ſçavante
Dans la carriere des plaiſirs.
La nuit vint, triſte circonſtance!
Ah! demain, reviens donc ici.
Colin! que j'aime ta ſcience !
Sans elle on ne vit qu'à demi.
Ah.... qu'c'eſt joli !
Ah.... qu'c'eſt joli !

EN rêvant à ſon aventure,
Agnès regagne le hameau.
Tout à ſon cœur dans la nature,
Paroît différent & nouveau.
Ah ! Dieux ! que j'étois innocente !
D'avoir cru Maman juſqu'ici.
Amour, c'eſt toi ſeul qui m'enchante!
Quand par tes feux l'on eſt uni,
Ah.... qu'c'eſt joli !
Ah.... qu'c'eſt joli !

A ij

QUESTION

Sur le même air. (N°. 1.)

IRis, je me plais où vous êtes,
Je suis triste où vous n'êtes pas.
Sans cesse une ardeur inquiette
Me fait tourner vers vous mes pas.
Je veux passer & je m'arrête ;
Je sens certain je ne sçais quoi.
L'Amour trouble-t-il la tête ?
De grace, dites-le moi ?
      Instruisez-moi,
      Instruisez-moi.

SERMENT

AIR. *L'autre jour étant assis.* (N°. 2.)

EGLÉ reçois le serment,
Que la vérité m'inspire,
Tes yeux verront ton amant
Toujours sous le même empire.
Si jamais dans mon cœur
Le temps éteint ma flamme,
Pour derniere faveur,
Parques, coupez ma trâme,

Je ne veux point que mes jours
Survivent à ma tendreſſe.
Sans amis, ou ſans amours
Qu'ai-je beſoin de vieilleſſe?
Leur cœur eſt le ſeul bien
Qui ſoit digne d'envie,
Après eux il n'eſt rien
Qui m'attache à la vie.

************ ***********

L'AMANT DÉLICAT

Sur le même air. (N°. 2.)

Oui : je veux te conſacrer
Les plus beaux jours de ma vie.
Mon cœur fait pour t'adorer
Ne connoît que toi, Silvie.
Mon bonheur, déſormais,
Depend de ta tendreſſe;
Ah ! ſi je la perdois !
J'en mourrois de triſteſſe.

Mes rivaux ne ſçauront pas,
Que tu partages ma flamme.
Qu'ils célebrent tes appas,
Mais que je regne en ton ame.
Voudrois-je te priver,
Lorſque tu me préfere,
Du plaiſir d'éprouver
A quel point tu ſçais plaire.

A iij

Non! je ne craindrai jamais,
Que leurs feux puissent me nuire.
Ils sont tous trop indiscrets,
Leur amour tient du délire.
Le mien craint d'éclatter,
Et n'en est pas moins tendre:
Mais, il n'ose parler
Que quand tu veux l'entendre.

Ah! sur ce farouche cœur
Obtiens enfin la victoire.
Tu dois faire mon bonheur,
Il interesse ta gloire.
Amour! charmant vainqueur,
A l'objet que j'adore,
Fais partager l'ardeur
Du feu qui me devore.

NAIVETÉ

Air. *Babet que t'es gentille.* (N°. 3.)

TE souviens-tu, Babet,
Avec quel air honnête
Tu reçus mon bouquet,
Pour le jour de ta Fête;
Tu le contemplois,
Tu le retournois,

Tu le baisois, ma fille !
J'avois appris un compliment ;
J'oubliai tout dans le moment,
Et je te dis tout uniment :
Babet que t'es gentille !   *bis.*

QUE l'on vante un moment
Tes attraits, ta personne.
Le moindre compliment,
T'interdit & t'étonne.
Rien n'est enchanteur,
Comme la pudeur,
Dans une jeune fille.
Tiens ! tu possedes mille appas,
Mais, en toi ce dont je fais cas,
Vois tu ! c'est que tu ne sçais pas,
Babet, que t'es gentille.
Babet, que t'es gentille.

AUTRE. *Sur le même air.* (Nº. 3.)

JE n'eus jamais dessein,
Iris, de te séduire.
Tout ce que dit Colin,
C'est l'amour qui l'inspire.
Oui ! si j'étois Roi,
J'en jure ma foi !

Mon sceptre & ma couronne
Dès cet instant seroient ton bien.
Mon trésor deviendroit le tien.
Mais... helas!. à moi je n'ai rien,
Qu'un cœur.... je te le donne.   bis.

REPONSE.

Quoi ! peut-on être épris,
D'une vaine richesse ?
Je connois tout le prix,
Berger, de ta tendresse.
N'es-tu pas mon Roi ?
Cher Colin ! en toi,
Ce n'est que toi que j'aime.
Non : les grandeurs n'ajoûtent rien
A l'amant quand on l'aime bien.
Prends mon cœur, donne moi le tien !
Voilà, le bien suprême.   bis.

ROMANCE.

Où s'en vont ces guais Bergers. (N°.4.)

COLIN à peine à seize ans,
Aimoit déja Colette.
Colette à peine à treize ans,
Ecoutoit la fleurette.
On ne vit de si jeunes amans,
Que Colin & Collette.

COLIN fent déja des feux ;
En fecret il foupire.
Colette forme des vœux,
Et cache fon martyre.
Collette & Colin s'aiment tous deux
Sans ofer fe le dire.

ILS s'en alloient fans deffein,
Le matin fur l'herbette ;
Le cœur battoit à Colin.
Il battoit à Colette.
Son bouquet lui tombe de la main,
Colin perd fa houlette.

IL s'approche doucement,
Un foupir le decele.
L'un regarde tendrement.
L'autre en devient plus belle.
Qu'as tu donc ? lui dit-il, en tremblant.
Qu'as tu donc ? lui dit-elle.

COLETTE, au dedans de moi,
Je fens un trouble extrême.
Moi... Colin... auprès de toi,
Je le fens tout de même.
Ah ! Colette, je t'aime, je crois.
Colin ! je crois que j'aime,

Pour l'usage de ses dons,
  Nature les éclaire.
Un Dieu par des charmes promts,
  Les conduit au mystere.
En amour il n'est point de leçon,
  Qui vaille la premiére.

****** ********* *******

LES BOULEVARDS.
AIR. (N°. 5.)

Au milieu du Cours,
Traînant après soi la foule,
  Chaque Nymphe roule
  Au gré des amours.
  L'air ajoûte encore
  A l'éclat qui les décore ;
  Les discerne-t-on
  Des femmes du grand ton ?
  L'habit de leurs gens
  Est des plus galants
Sur leurs chevaux fringans
S'étend même leur parure.
  Elles sont enfin,
Dedans leurs brillantes voitures
  Comme des mignatures
Dans des boëtes de Martin.
  Au milieu du Cours, &c.

LA NATURE PREFERABLE
A L'ART.

Sur le même air. (N°. 5.)

UN minois sans fard
Me plaît cent fois davantage,
Que ce beau visage
Qui doit tout à l'art;
Souvent l'imposture
Veut imiter la nature:
Mais tous ces appas,
Ne m'éblouissent pas.
Du matin au soir,
Devant son miroir,
La coquette a beau faire :
En vain elle cherche à plaire
Elle a le chagrin de voir
La plus simple novice
Effacer l'artifice
Du faux éclat de son tein.
Un minois sans fard, &c.

A vj

MENUETS. (Nº. 6.)

Vous êtes irrité,
En vérité,
Ce couroux me fait rire !
Mais ! de quoi vous plaignez vous ?
Quoi, feriez vous jaloux ?
Que voulez-vous dire ?
Empêcher l'hommage,
Qu'on rend au bel âge,
Dépend-il de nous ?
Puis-je donc refufer
Un baifer,
Lorfqu'on me tourmente ?
Je fouris aux talens
Des galans,
Sans en être l'amante.
Tenez, je veux bien,
Qu'un tendre lien
Ne faffe de nous qu'une ame.
Mais fi votre flamme,
Pour fi peu me blame
N'efperez plus rien.

Pouvez-vous, volage,
Vous fervir de ce langage ?
Dit, Tircis en la fixant,
Ingrate, mon cœur fent

Que le votre l'outrage.
Ah ! quand on s'engage,
N'est-ce donc qu'un badinage ?
L'amour sans partage,
Fut toujours le gage
D'un cœur bien épris.
Mais le votre, Iris,
Ignore ce charmant usage.
Qui vous rend hommage,
Obtient l'avantage
De plaire à vos yeux.
Un cœur amoureux
Ne peut-être heureux,
Si plus d'un objet lui fait sentir ses feux.
La délicatesse
Doit de la tendresse
Former les doux nœuds.

Je vous aime,
Mon ardeur extrême
Fais l'unique bonheur
De mon sensible cœur.
Je vous aime,
Mon ardeur extrême
Pour vous durera toujours,
De mes jours
Fixera le cours.

A ce difcours, Iris,
En vain retient fes larmes.
Bientôt Tircis
Les voit couler... pour lui, quels charmes !
Sans rien dire,
La belle foupire ;
Et regardant
Son amant,
En ce moment
Lui dit tendrement.
Je vous aime, &c.

TABLEAU DES VICES DE L'HUMANITÉ.

AIR. (N°. 7.)

HAUTS & fiers dans leur opulence,
Mais, honteux dans leur décadence,
Ne trouvant plus le même appui :
A chacun faifant politeffe,
En arriére emportant la piece.
Voilà les hommes d'aujourd'hui.

MÉPRISER les foins du ménage,
Le matin changer de vifage,

Crainte de rencontrer l'ennui.
Tromper un époux trop crédule,
Sçavoir lui dorer la pillule.
Voilà les femmes d'aujourd'hui.

Affecter de la modestie,
Voir son amant chez une amie ;
Lui jurer qu'on n'aime que lui.
En voir un autre qui régale,
Vouloir se donner pour Vestale.
Voilà les filles d'aujourd'hui.

En conter à toutes les filles,
Qu'elles soient laides ou gentilles.
Parler d'Hymen, jurer par lui :
Les faire tomber dans la nasse,
Ensuite abandonner la place.
Voilà les garçons d'aujourd'hui.

L'OBLIGEANTE.

Air. (N°. 8.)

Depuis que je sçai que la bonté,
Du cœur est l'aimable qualité,
J'ai cherché le moyen d'obliger
  Mon timide Berger.
  De ce qu'en abregé,
   J'ai,
  Il a toujours sa part,
   Car,

Le plus simple bienfait,
        Fait
Toujours un bon effet.

DANS ses discours il est simple & droit.
Lui seul m'anime, il en a le droit.
Il est vif, sans être trop subtil,
        Mais que cela fait-il?
        Mon cœur reconnoissant
            Sent,
        Qu'il suffit de l'Amour,
            Pour
        Connoître qu'un bienfait
            Fait
Toujours un bon effet.

UNE autre en jouant trop la rigueur
Eût dans son cœur porté la langueur,
Mais moi de rien je ne l'ai privé.
        Qu'en est-il arrivé?
        Mon Berger Colinet,
            Est,
        Dans l'amoureux effort
            Fort.
        Voilà comme un bienfait
            Fait
Toujours un bon effet.

Air. *De la Comédie Italienne.* (N°. 9.)

QUAND vous entendrez le doux zephir,
Dans ces roseaux former quelque plainte;
Songez, songez, que c'est un soupir
   Du malheureux Philinte!
         Sur un rameau,
         Quand le Tourtereau
Loin de sa compagne viendra gemir,
         Qu'Helene pense
         Que son absence
         Me fera mourir.
Que l'eau qui coule entre ces fleurs,
Par son murmure vous fasse entendre,
Barbare Helene , combien de pleurs,
         Vous me faites répandre!

L'ELOGE DU BAISER.

Sur le même air. (N°. 9.)

BAISER charmant, signal des plaisirs;
Du tendre amour, flatteuses prémices!
Quel doux espoir luit à mes desirs,
   Sous tes heureux auspices!

Quels feux naissans !
Quels transports pressans !
La pudeur farouche
Cede & consent :
L'ame est sur la bouche,
Par elle on se touche,
Par elle on se sent.

BAISER charmant, signal des plaisirs,
Du tendre amour, flatteuses prémices !
Quel doux espoir luit à mes desirs,
Sous tes heureux auspices !
Fleurs vous naissez,
Vous embellissez ;
Mais le jour expire,
Vous languissez ;
Le tendre zephire
Vous baise, soupire,
Et vous renaissez.
Baiser charmant, &c.

L'AVEU NATUREL.

AIR. *Babet que t'es gentille.* (N°. 3.)

J'AVOIS cru que l'Amour,
Ne pourroit me surprendre,
Mais Colin à mon tonr,
M'a forcé de me rendre.

Il vint une fois,
Me trouver au bois;
J'en fus toute inquiéte.
D'abord je songe à me cacher;
Sur mes pas je le vois marcher;
Qu'aurois-je fait pour l'empêcher?
Maman, j'étois seulette! *bis.*

Pourquoi, me fuyez-vous,
Dit-il, belle Lisette?
Soudain à mes genoux,
Le voilà qu'il se jette.
Il me prend la main.
Quel est son dessein?
Je crains & je souhaitte.
Un amant, fait pour tout oser,
Ne demande qu'un doux baiser.
Pouvois-je, hélas! le refuser?
Maman, j'étois seulette. *bis.*

Ce baiser l'enflamma,
J'en fus troublée moi-même;
Et mon cœur éprouva
Ce qu'on sent quand on aime.
Colin s'en douta.
Il en profita.
Et moi! pauvre idiotte,
Quand je vis ce Berger charmant,
Ne garder nul ménagement,
Je crus mourir en ce moment.
Maman, que j'étois sotte! *bis*

AVIS UTILE.

Sur le même air. (N°. 3.)

D'Un cœur qui penfe bien,
La flamme eft toujours pure ;
Je ne crois pas le mien,
Capable de parjure.
    S'il fixe fon choix,
    Sous les mêmes loix
Toujours il voudroit vivre.
Un amant veut-il être heureux ?
Qu'il conferve fes premiers feux ;
L'amour, & les ris & les jeux
S'empreffent de le fuivre.   **bis.**

DANGER DE LA TEMERITÉ.

Menuet *des Boullevards.* (N°. 10.)

AH ! Maman ! contre un téméraire,
    Que peut-on faire ?
    C'eft un cruel tourment.
Ah ! Maman ! contre un téméraire,
    La plus févere
Refifte vainement.

Quel parti prendre?
Quand on ne peut plus se défendre,
Il faut se rendre,
Pour sortir d'embarras;
Hélas!
Hélas! Maman, toute la colere
Ne sert de gueres
Quand le cœur en dépend.
Un amant
Mérite sa grace
Quand son audace
Provient du sentiment.

****

REGRETS DE L'INCONSTANCE.
(N°. 11.)

MON cœur avant d'aimer Licandre,
Avoit cru connoître l'amour.
Mais ce qu'il éprouvoit de tendre,
N'étoit avant d'aimer Licandre,
Que l'aurore d'un plus beau jour.

J'AI cru cesser d'aimer Licandre,
J'ai vécu sous une autre loi.
Hélas! je ne pouvois comprendre,
Pourquoi cessant d'aimer Licandre,
Le bonheur fuyoit loin de moi?

MON cœur n'eſt fait que pour Licandre;
Que ne puis-je le rengager ?
Mon changement a ſçu m'apprendre
Que mon cœur eſt fait pour Licandre
Et que je ne dois plus changer.

* * * * * * * * * * * * * * * *

LA CURIOSITÉ.
(Nº. 12.)

HELAS! Maman, pardonnez je vous prie,
  Un mouvement de curioſité.
Je me croyois ſeulette dans la prairie,
Quand à mes yeux Colinet s'eſt préſenté.
Hélas! Maman, pardonnez je vous prie,
  Un mouvement de curioſité.

Vous le ſçavez, dans le village on publie
Que ce Berger n'a point d'égal en beauté.
  Hélas! Maman, &c.

EN m'abordant ſur l'herbette fleurie,
A mes genoux à l'inſtant il s'eſt jetté;
  Hélas! Maman, &c.

AU même inſtant ſa bouche à la mienne
  unie
Fit naître en moi le goût de la volupté.
  Hélas! Maman, &c.

Il me vantoit les nœuds dont l'amour
   nous lie,
J'ai voulu voir s'il difoit la vérité.
  Hélas ! Maman, &c.

Si ce plaifir eft le charme de la vie,
Eft-ce un grand mal à moi d'en avoir
   goûté ?
  Hélas ! Maman,

L'AMOUR DEFINI.

Sur le même air. (N°. 12.)

Près d'une belle un inftant intimide,
D'un rien dépend notre félicité.
En fait d'amour le premier coup d'œil de-
   cide ;
C'eft par les yeux que le cœur eft enchanté.
Mais ! quel efpoir ? lorfqu'elle prend pour
   guide
Un mouvement de curiofité.

Un jeune objet que la Maman rigide,
Croit retenir par la févérité,
D'une Chanfon, d'un Roman eft avide,
Tout à fon cœur offre & peint la volupté.
Plus d'un amant tient un bonheur rapide,
  D'un mouvement de curiofité.

AIR DU MENUET *du Devin de village.*
(Nº. 13.)

DIs-moi, sans détour,
Est-ce un mal que l'amour?
Colin, hier au bois,
M'agaça par trois fois,
Le doux son de sa voix
Me fixoit presque malgré moi;
Ses yeux,
Ses tendres yeux,
Hélas ! m'arrêtoient encore mieux.
Il étoit si tendre !
Quel plaisir de l'entendre !
Il avoit pris ma main,
La pressoit sur son sein,
Il juroit qu'il m'aimoit,
A ce mot mon cœur palpitoit
Si fort
Mais, mais si fort,
Qu'il sembloit avec moi d'accord.
Quel accident,
Dans ce moment,
Derrière un tremble,
Ma mere étoit
Qui nous voyoit
Parler ensemble.

Elle

Elle accourut.
Colin se tut,
Puis disparut.
Confuse je fus.
Elle gronda,
Me tracassa,
Me menaça.
Elle disoit,
Me répétoit,
Encore j'en tremble!
Que j'avois fait,
Est-il bien vrai?
Un noir forfait.
Dis-moi sans detour, &c.

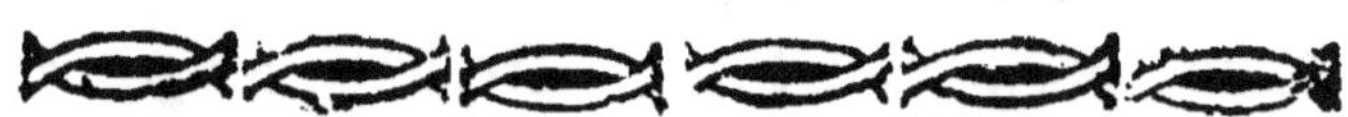

TOUT PLAIT DANS CE QU'ON AIME.

AIR. *Ça fait toujours plaisir.* (N°. 14.)

DE te rendre les armes,
Comment se garantir,
Quand on voit de tes charmes,
Tant de fleches partir?
Oui! quoique l'on te craigne,
On aime à t'obéir;
Et quoique l'on s'en plaigne,
Ça fait toujours plaisir.

B

Si l'on t'en croit, tu braves
Le pouvoir de l'amour,
Et d'un nombre d'esclaves
Tu veux former ta cour.
Aucun de la victoire
Ne pourra se saisir;
Mais ils prouvent ta gloire,
Ça fait toujours plaisir.

Pour moi dans cette foule
J'espere pénétrer,
Il faut qu'elle s'écoule
Pour oser me montrer.
Tous ont droit de prétendre.
Je me borne au plaisir.
Mais je suis le plus tendre,
Ça fait toujours plaisir.

Chaque jour sur tes traces,
Met des Amans nouveaux.
Chaque jour par tes graces,
Je compte mes Rivaux.
De mes plaintes touchantes,
Tu vas rire à loisir:
Mais, du moins tu me chantes
Ça fait toujours plaisir.

LE PASSÉ RAPELLÉ.

AIR. *Souvenez-vous-en.* (N°. 15.)

LE premier du mois de Mai,
Je vous vis, je vous aimai.
C'eſt le cinquième de l'an
Souvenez-vous-en , ſouvenez-vous-en.
Premier mois de mes amours,
Que ne duriez-vous toujours !

Nous allions ſur le gazon,
Cueillir des fleurs à foiſon :
Vous y perdites un gand
Souvenez-vous-en , &c.

Un boſquet n'étoit pas loin,
Nous y fumes ſans témoin.
J'obtins de vous un ruban,
Souvenez-vous-en , &c.

Le ruban étoit ſi beau ,
Que j'en ornai mon chapeau.
J'en étois fier comme un Paon.
Souvenez-vous-en , &c.

De retour dans le hameau,
Je choiſis de mon troupeau,

B ij

Pour vous l'Agneau le plus blanc,
Souvenez-vous-en, &c.

Je l'offris, il fut reçu.
Que mon espoir fut deçu !
Vous le trouviez si charmant.
Souvenez-vous-en, &c.

Helas, dès la fin du mois,
Je vous vis au fond du bois,
Avec un nouvel amant.
Souvenez-vous-en, &c.

Je me retirai soudain,
Et mon tein, le lendemain,
Devint couleur de saffran.
Souvenez-vous-en, &c.

Mon corps depuis ce moment
Fut tout je ne sçai comment.
Je suis plus sec qu'un Harang.
Souvenez-vous-en, &c.

Si par un coup de bonheur,
Vous me rendez votre cœur.
Qu'un contract soit mon garand,
Souvenez-vous-en, &c.

LE BUVEUR AMOUREUX.

AIR. *Que je regrette mon Amant.*
(Nº. 16.)

AUTRE fois mon cœur n'aimoit rien,
Que les plaisirs de la bouteille.
Je traitois l'Amour comme un chien,
Lui faisant moucher ma chandelle.
Il m'éclairoit de son flambeau,
Pour aller percer mon tonneau.

Je n'avois point d'autre foret,
Que sa fleche la plus piquante.
Que je laissois comme un fosset,
A ma futaille bienfaisante.
Vouloit-il parler de beaux yeux,
Je le chassois comme un galeux.

Je vivois comme un papillon,
Cherchant la fleurette nouvelle.
Quand je trouvois une dondon,
Vîte j'allois chercher bouteille.
L'Amour portoit le martinet,
Comme un garçon de cabaret.

B iij

MAIS ce ruzé Colin-maillard
M'a toujours gardé sa rancune,
Jusqu'au moment que le hazard
Vous fit connoître, belle brune.
Qui eût cru que ce conquerant
M'eût attrapé par le volant?

L'AMOUR BERGER.

(No. 17.)

L'AMOUR, ma belle,
Gardera dans ces vallons
      Nos moutons;
      Dessous son aile,
Tandis que nous chanterons.
      Il nous appelle,
      Viens sous ces ormeaux,
      Loin de mes rivaux,
      Ecouter mes maux;
Tu seras, peut-être, moins cruelle.
      L'Amour, ma belle,
Gardera dans ces vallons
      Nos moutons;
      Dessous son aile
Tandis que nous chanterons.

Tircis je n'ose
Ecouter ton chalumeau,
Sous l'ormeau,
Car on en cause
Déja dans notre hameau.
Un cœur s'expose
Souvent au danger,
De trop s'engager
Avec un Berger :
Et toujours l'épine est sous la rose.
Berger, je n'ose
Ecouter ton chalumeau,
Sous l'ormeau ;
Car on en cause
Déja dans notre hameau.

L'INUTILITÉ DU COEUR.

AIR *des folies d'Espagne.* (N°. 18.)

JE ne vis plus, je languis, je soupire,
De nouveaux feux m'ont réduit aux abois.
Enfin l'Amour me tient sous son empire,
Oui, je conviens que j'aime cette fois.

On dit le cœur nécessaire à la vie,
C'est se tromper, vous possedez le mien.
Je n'en ai plus, vous le sçavez Silvie !
Je vis pourtant, le cœur ne fait donc rien.

INVITATION D'AIMER.

Muzette de l'Opera d'Ajax. (N°. 19.)

VOus qui donnez de l'amour
Au cœur le moins tendre,
N'en ſcauriez-vous prendre?
Vous qui donnez de l'amour,
N'en ſcauriez-vous prendre,
    Iris, à votre tour ?
Faut-il qu'avec tant d'appas,
Ce Dieu ne vous touche pas?
    Vous devez-vous rendre
     A votre tour.
Vous qui donnez de l'amour,
Au cœur le moins tendre,
N'en ſcauriez-vous prendre?
Vous qui donnez de l'amour,
N'en ſcauriez-vous prendre,
    Iris, à votre tour?
Faites-vous un heureux deſtin;
    Craignez, cette enfant malin.
    Dans ce beau ſéjour,
Tout vous fait la cour.
Vous qui donnez de l'amour,
Au cœur le moins tendre,
N'en ſcauriez-vous prendre,
    Iris, à votre tour?

INVOCATION BACHIQUE.

Même Air. (Nº. 19.)

TOi qui guéris de l'Amour,
        Charmante bouteille,
        Doux jus de la treille,
        Viens à mon secours.
L'Amour est un Dieu malin
Chez toi naît l'heureux destin.
Les plaisirs sont purs & sans detours.
Toi qui guéris de l'Amour,
        Charmante bouteille,
        Doux jus de la treille;
Toi qui guéris de l'Amour,
        Charmante bouteille,
        Viens à mon secours.
Les yeux de l'aimable Catin
Empruntent leurs forces de ton jus divin;
        Mais cette liqueur
        Calme mon cœur.
Toi qui guéris de l'Amour,
        Charmante bouteille
        Doux jus de la treille.
Toi qui guéris de l'Amour,
        Charmante bouteille,
        Viens à mon secours.

B ij

INVITATION BACHIQUE..

Même Air. (N°. 19.)

Toi qui trouves le vin bon,.
  Que ſert-il d'attendre ?
  N'en ſçaurois-tu prendre ?
Toi qui trouves le vin bon,
  N'en ſçaurois-tu prendre ?
   Voici le flacon.
En voudras-tu de ma main ?
Je vais t'en verſer tout plein,
Et de plus t'apprendre ma chanſon.
Toi qui trouves le vin bon,
  Que ſert-il d'attendre ?
  N'en ſçaurois-tu prendre ?
Toi qui trouves le vin bon,
  N'en ſçaurois-tu prendre ?
   Voici le flacon.

Quel plaiſir d'être buveur,.
  Quand je m'examine
  Auprès de Claudine !
Quel plaiſir d'être buveur,.
  Quand je la badine
  Après cette liqueur !.

Aussitôt je me repents,
D'avoir été si long-tems,
A lui consacrer mon tendre cœur.
Quel plaisir d'être buveur,
  Quand je m'examine
  Auprès de Claudine !
Quel plaisir d'être buveur,
  Quand je là badine
  Après cette liqueur !

CONSEILS ET EXEMPLE
A SUIVRE.

AIR. *De Joconde.* (N°. 20.)

ECOUTE, Amant triste & jaloux,
  Ce que je te conseille.
Tu n'aimes pas tant les yeux doux,
  Que j'aime ma bouteille.
Ainsi que je là traitte, apprends
  A traitter ta Bergere.
Je la quitte, dès que je sens,
  Qu'elle devient legere.

Si j'eus fait le Berger Paris,
  Dans cette aimable table.
S'il eût fallu donner le prix
  A la plus adorable.

Sans vouloir confulter mes yeux
　Ni le confeil des hommes;
A celle qui boiroit le mieux,
　J'aurois donné la pomme.

Vous voir, Iris, le verre en main,
　Vuider une bouteille!
Je dis, quand vous êtes en train,
　Que vous faites merveille;
Mais on feroit bien du chemin,
　Si l'on vouloit vous croire:
Car vous portez trop bien le vin,
　Pour ne fcavoir que boire.

C'est le fentiment général
　De toute la Sorbonne,
De rendre le bien pour le mal,
　Ainfi que Dieu l'ordonne.
Je voudrois par un faint défir
　Pour la jeune Climene,
Lui donner autant de plaifir
　Qu'elle me fait de peine.

Depuis trois mois je fuis charmé
　De ma bonne fortune;
Je fuis également aimé
　De la blonde & la brune.

La blonde est difficile à voir ;
   Mais hazard à la blanque.
Je mange fort bien du pain noir,
   Quand le pain blanc me manque.

RIEN n'est égal à la douceur
   De votre beau visage,
Votre esprit, votre belle humeur,
   Oui, tout en vous m'engage.
Quand vous tenez le verre en main
   Belle Iris, il me semble,
Voir l'Amour & le Dieu du vin
   Qui badinent ensemble.

Vois-tu cette jeune beauté
   A la petite table ?
La vois-tu boire une santé ?
   Ah ! Dieux ! quelle est aimable !
Le vin brille de mille attraits,
   En approchant sa bouche :
Et l'Amour y trempe ses traits
   Au moment qu'elle y touche.

L'EMBARRAS DU CHOIX.

Même air. (N°. 20.)

AH ! ciel ! quel beau couple de sœurs,
A mes yeux se présente !
Que, d'écueils pour de jeunes cœurs !
L'un & l'autre est charmante.
Mais sans mettre en comparaison
Leur beauté peu commune.
Soit par sympatie, ou raison,
J'aimerois mieux la brune.

LA cadette a pourtant le prix,
Par un autre mérite.
Les graces, les jeux & les ris
Badinent à sa suite.
L'agrément joint à la beauté
Enchante tout le monde.
Et je crois que tout bien compté
J'aimerois mieux la blonde.

AH ! que l'aînée a de beaux yeux !
Quelle charmante bouche !
Que son sourire est gratieux !
Il n'est cœur qu'elle ne touche !

Son ſerieux même fera
  Quelque jour la fortune,
De l'heureux époux qu'elle aura . . . . .
  J'aimerois mieux la brune.

MAIS quand je regarde de près
  Son aimable cadette,
Je ſens balancer mes ſouhaits.
  Qu'elle eſt belle & bien faite !
Sa blancheur efface les lis,
  Sa taille eſt ſans ſeconde ;
Du premier choix je me dédis,
  J'aimerois mieux la blonde.

COMME un fer entre deux aimans
  Demeure en équilibre,
Mon cœur entre vous balançant,
  N'eſt éclairé, ni libre.
Si l'on me donnoit à choiſir,
  De cœurs comme les vôtres ;
Je dirois de peur de faillir,
  J'aimerois l'une & l'autre.

HONNEUR A LA GRAPE.

Même air. (N°. 20.)

NON! il n'est rien dans l'univers
    Qui ne te rende hommage :
Jusqu'à la glace des hivers
    Tout est pour ton usage.
La terre fait de te nourrir
    Sa principale gloire.
Le soleil luit pour te meurir,
    Nous vivons pour te boire.

L'AMOUR AU VILLAGE.

CHANSON *Anacréontique.* (N°. 21.)

A Notre bonheur l'amour préside,
C'est lui qui nous choisit nos bergers ;
Des ornemens du Temple de Gnide
    Il decore nos rians vergers :
    C'est là qu'il reçoit nos sacrifices,
        Sous les doux auspices
        Des tendres desirs :
Et sur ses autels l'encens qui fume,
        Jamais ne s'allume
        Que par nos soupirs.

Du fragile agrément d'être belle,
Nous ne tirons point de vanité ;
Chez nous les attraits d'un cœur fidèle,
L'emportent sur ceux de la beauté :
Aussi nos Bergers dans leurs hommages,
    N'ont point le langage
    Des trompeurs amans ;
Leur talent est, de peindre à nos ames,
    Leurs plus tendres flammes,
    Par les sentimens.

Nous bannissons de tristes allarmes,
Aux tourmens notre cœur est fermé.
Si notre Berger répand des larmes,
C'est du plaisir de se voir aimé.
Plus il est seur de notre tendresse,
Et plus il s'empresse de la mériter.
Le feu délicat qui nous anime,
    Nourri par l'estime,
    Ne fait qu'augmenter.

Aux douceurs d'une juste espérance
Un Berger constant peut se livrer.
L'instant vient où notre résistance
Dans les vrais plaisirs doit expirer.
Mais l'amant à qui l'on rend les armes,
    De vives allarmes

Scait nous préferver :
Et plus conftant après la victoire
Il trouve fa gloire
A la conferver.

Vadé.

L'AMOUR EN DEUIL.

(Nº. 22.)

QUEL bruit vient frapper mon oreille?
Par quelle étonnante merveille,
L'Amour eft-il vêtu de noir ?
Son bandeau trempé de fes larmes,
Lui fert à prefent de mouchoir.
Auroit-il donc perdu fes armes,
Sans le fcavoir ?

CE meffager toujours fidèle,
Mercure, qui près d'une belle,
Scait fi bien faire fón devoir,
Sous le manteau qui le déguife,
N'ofe paroître que le foir.
Auroit-il fait une fottife,
Sans le fcavoir ?

ENFIN je devine l'affaire,
Le meilleur fupport de cithere,

Veut se soustraire à son pouvoir.
Un deserteur de cette espèce
Peut exciter son desespoir.
Causeroit-il tant de tristesse,
　　　Sans le sçavoir ?

Mais ! quoi ? à la fleur de son age,
Veut-il reprendre un esclavage
Que l'usage appelle devoir ?
Amour redoutez peu ses chaînes,
Ouvrez votre cœur à l'espoir.
Il rentrera dans vos domaines,
　　　Sans le sçavoir.

****

SYSTEME D'EPICURE.
(Nº. 23.)

Vous qui du vulgaire stupide,
Voulez écarter le bandeau,
Prenez Epicure pour guide,
Et la nature pour flambeau.
Il n'invente point de systême,
Il ne fait que bannir l'erreur ;
Et si nous rentrons en nous même,
Epicure est dans notre cœur.

　La nature prudente & sage,
N'a jamais rien produit en vain ;
Nos sens ont chacun leur usage,
Et nous devons tendre à leur fin.

Pour nous l'enseigner, la nature
Nous a fait présent du desir :
Par une route toujours seure,
Il nous mène droit au plaisir.

MAIS le plaisir cesse de l'être,
Quand il cesse d'être goûté.
La débauche ne peut paroître,
Sans faire fuir la volupté.
Qu'accompagné de la tendresse,
L'Amour soit fils du sentiment ;
Et que Bacchus laissant l'yvresse,
N'ait avec lui que l'enjouëment.

TON cœur est épris de Themire,
Themire est sensible à son tour ;
Tous deux dans un commun délire,
Cueillez les roses de l'amour.
A servir de si douces flammes,
Employez l'Eté de vos ans ;
Et qu'à l'yvresse de vos ames,
Succede celle de vos sens.

QUE les ardeurs de la jeunesse,
Se temperent avec Venus ;
Que les glaces de la vieillesse,
Se réchauffent avec Bacchus.

Jouiſſons d'un inſtant qui paſſe,
Il va malgré nous s'envoler.
Rempliſſons en du moins l'eſpace,
Ne pouvant pas le reculer.

LES FLEURETTES.
(N°. 24.)

IL eſt encore des belles,
D'un cœur ſimple & ſans fard;
N'employez auprès d'elles •
Ni les préſens, ni l'art :
Offrez rubans, chanſonnettes,
Quand l'or ne peut réuſſir.
Souvent on ſçait attendrir
    Par des fleurettes.

Des filles du village,
Themire étoit l'honneur ;
Le plus brillant hommage
Ne tentoit point ſon cœur.
Mépriſant l'art des coquettes
Dans l'onde elle ſe miroit.
Themire ne ſe paroit,
    Que de fleurettes.

Sous un ormeau, Themire,
Filoit ſon lin un jour
Tircis la voit, l'admire,
Et s'enyvre d'amour

Il cueille des violettes,
Qu'il nouë avec des faveurs.
Souvent l'on gagne les cœurs
    Par des fleurettes.

    A la jeune Bergere
Il offre ce bouquet
D'un air soumis, sincere,
Pourtant un peu coquet.
L'Amour se plaît où vous êtes.
Mon cœur vous doit ce tribut:
Il fit ainsi son debut
    Par des fleurettes.

    DANS un lien trop tendre
Craignant de s'engager,
La Bergere n'osoit prendre
Le présent du Berger.
Par des manières discrettes,
Tircis détruit sa raison :
Peut-on faire des façons
    Pour des fleurettes ?

    D'UNE rose en échange,
Je serai satisfait ;
Bergere que je range
Moi-même ce bouquet.
Berger ! qu'est-ce-que vous faites ?
Dans son sein il le nichoit.
L'Amour malin se cachoit
    Sous des fleurettes.

ALORS, sur une rose
Tircis porte la main
Le tendre Amour dispose,
Themire à ce larcin.
Ils sont seuls dans ces retraites,
Tircis presse avec ardeur.
Themire donne une fleur,
Pour des fleurettes.

CHANSON POISSARDE
sur le mariage de M. LE DAUPHIN.

AIR. *Recois dans ton Galetas.* (N°.25.)

ENFIN, v'là qu'est donc baclé,
V'là l'Dauphin dans son ménage.
Le bon Guieu s'en est mêlé,
Ç'a fait un bon assortissage ;
Car ça va faire un tas d'enfans
Mais gnia jamais trop d'honnêtes gens.
Mais gnia jamais trop d'honnêtes gens.

J'AVONS pris la liberté,
Dauphine, en fiolant l'rogome,
De boire à votre santé,
Sans oublier Monsieur votre homme.
Vous aimez cet époux royal.
Tout l'univers est vot' rival.
Tout l'univers est vot' rival.

Vous trouverez dans not' Roi
Les entrailles d'un vrai Père.
Jel' connoiffons, c'eft pourquoi
Je vous difons ça, c'eft not' magniere
Et pis qu'il nous aime tretous.
Que ne fera-t-il pas pour vous ?
Que ne fera-t-il pas pour vous ?

N'vous laffez pas d'admirer,
La Reine & Mefmfelles fes filles.
Convnez qu'on ne peut pas entrer
Dans une plus meilleure famille.
Cheux eux l'efprit & la vertu
Y font à bouche, que veux tu.
Y fo nà bouche, que veux tu.

MAURICE *, vous eft allié
Par la gloire & la vaillance,
Au gré de not' amiquié,
Le v'là le parent de la France.
Dam' quand on s'lie, il faut s'lier
Avec des gens du même méquier.
Avec des gens du même méquier.

J'GAGE qu'un litron de Rimeux
Vont v'fetourdir de leux rimages,
Et qu'ils font cheux l'Imprimeux
Mouler vot' nom & vot' image ;

---

*Maurice Comte de Saxe, Maréchal de France.

Et

Et par l'intérêt menés
Vendront l'encens qu'ils v'sont donné.
Vendront l'encens qu'ils v'sont donné.

C'est tout d'même que Louis,
On n'l'engueuse pas d'une harangue;
Ses yeux n'sont point éblouis
Des biaux discours qui n'ont qu'la langue.
L'cœur est fait pour plaire aux Dieux,
J'vous offre l'mien, c'est pour tous deux.
J'vous offre l'mien, c'est pour tous deux.

PORTRAIT DU MALHEUREUX
ETAT DE CLERC DE PRO-
CUREUR.

Air de Joconde. (N°. 20.)

TOI qui du ciel donne l'effort
  A la machine ronde!
Grand Dieu! qui dispose du sort
  Des habitans du monde;
Qui menage par-tout un rang
  A chaque créature:
Pourquoi me mettre au dernier banc,
  De toute la nature?

C

Si vous me demandez mon nom,
   Je n'ose vous le dire ;
Un Prothée, ou un Ixion . . . .
   Ah ! je suis encore pire.
Hélas ! pour vous le dire enfin,
   Dans la noire milice,
Je suis un pauvre fantassin
   Du corps de la Justice.

Quand le flambeau du monde entier,
   Réfléchit sa lumière ;
Par la lucarne d'un grenier,
   Qui me sert de visiere,
Gripimini comme un sorcier
   S'en vient à mon oreille,
Clabauder du fond du gozier :
   Oh ! là ! hé ! qu'on s'éveille.

Sitôt m'éveillant en sursaut,
   A sa voix effroyable ;
Au bas du lit je fais un saut,
   Croyant que c'est le Diable :
Je prends le harnois du métier,
   Je mets ma serpillere,
Pour commencer du jour entier,
   La penible carriere.

Partez, soldats, dit le Lutin,
   Armez-vous d'écritoire ;
Massacrez veuve & orphelins
   A coups d'exécutoire.

Que pere, fils, oncle & coufin
  Tous fentent le carnage :
Main baffe fur le Parchemin.
  Mettez tout au pillage.

POUR nous, miférables foldats
  D'une ingratte grifaille,
Qui donnons le choc du combat
  Et gagnons la Bataille ;
Otons l'épine du jardin,
  D'autres cueillent la rofe.
Voler, fans jouir du larçin,
  La pitoyable chofe!

QUAND la nuit de fon noir rideau
  Couvre notre hémifphere,
Je maudis cent fois l'efcabeau,
  Qui me colle au derriere.
Bientôt l'eftomac aux abois,
  Noyé dans fon acide,
Pour me perfécuter, je crois,
  Vient digérer à vuide.

SI je veux repofer, hélas!
  Au lieu d'un lit de plumes,
Je trouve un doyen matelas,
  Mollet comme une enclume :
En vain je cherche le repos,
  Changeant cent fois de place ;
Les barres du lit jufqu'aux os,
  Me percent la carcaffe.

ENFIN, accablé de sommeil,
  Je ferme la paupière.
Mais à peine ai-je fermé l'œil,
  Ah! Dieu! quelle misère!
Sitôt je suis empoisoné
  D'une sale influence;
Car j'ai directement le nez
  Sur le siège d'aisance.

DESTIN, que j'invoque toujours,
  A la fleur de mon âge;
Pour trancher le fil de mes jours,
  Dans ce dur esclavage!
Si tu m'écoutois à la fin,
  D'un sixième étage,
Je serois à moitié chemin
  De mon dernier voyage.

AVIS

sur l'AIR. *Mais.* (N°. 26.)

SOIS complaisant, affable & débon-
naire,
Aime ta femme de la bonne manière;
Mais,
Quand elle sera dans la riviere,
Ne la retire jamais.

Je sens pour vous bruler dedans mon
　　ame,
Tous les transports d'une amoureuse
　　flamme.
　　　　Mais,
Si vous n'êtiez pas ma femme
　　Vous ne la seriez jamais.

VAUDEVILLE.

AIR. (Nº. 27.)

PRENS mon Iris, prens ton verre,
Buvons tous deux à longs traits;
Rends ma bouteille legere,
Et ne la deviens jamais.
L'Amour qui nous verra faire
Entrera dans ce myſtère,
Pour avoir ſon tour après.
Prens ma Philis, prens ton verre,
Buvons tous deux à longs traits,
Rends ma bouteille legere
Et ne la deviens jamais.

QUAND j'ai du vin dans mon verre
Ma Philis auprès de moi,
Je me sens l'ame auſſi fierre
Et ſuis plus content qu'un Roi.
　　　　　C iij

Qu'on fasse par-tout la guerre,
Pour moi je n'ai nulle affaire,
Je ris, je chante & je bois.
Quand j'ai du vin dans mon verre,
Ma Philis auprès de moi,
Je me sens l'ame aussi fierre
Et suis plus content qu'un Roi.

QUITTE le jus de la treille
Me dit Venus l'autre jour,
Les plaisirs de la bouteille
Valent-ils ceux de l'Amour ?
Mais à qui prêter l'oreille ?
Bacchus me promèt merveille,
Et me répete à son tour :
Cheris le jus de la treille
Enyvre toi nuit & jour ;
Les plaisirs de la bouteille
Valent bien ceux de l'Amour.

QUE c'étoit un doux spectacle
Dans cet antique festin,
Que le célèbre miracle,
De l'eau transformée en vin !
Ah ! Manon, si ce négoce
Pouvoit se faire à ma noce
Je t'épouserois demain.

Mais, hélas! le mariage
Aujourd’hui n’est plus si beau:
Dès que l’on est en ménage,
Le vin prend le goût de l’eau.

LORSQUE j’ai voulu vous plaire,
Philis, j’ai perdu mes pas.
Je n’ai jamais pu le faire,
Je ne m’en penderai pas.
Grace-à-Dieu! la ville est bonne;
On ne doit forcer personne,
D’autres ont assez d’appas.
Lorsque j’ai voulu vous plaire,
Philis, j’ai perdu mes pas.
Je n’ai jamais pu le faire
Je ne m’en penderai pas.

C’EST en vain que tu soupire
Pour un insensible cœur.
Ami, crois moi, cherche à rire,
Et dissipe ta langueur.
Toujours gai comme un satire
Cher Bacchus! je ne respire
Que ton aimable liqueur.
C’est en vain que tu soupire
Pour un insensible cœur
Ami, crois moi, cherche à rire
Et dissipe ta langueur.

QUELLE est belle, la cruelle
Qui m'a soumis pour jamais !
Quelle grace ! elle efface
Les plus aimables attraits !
Que ses yeux ont de puissance !
C'est par eux que l'amour lance
Ses plus redoutables traits
Qu'elle est belle, la cruelle
Qui m'a soumis pour jamais !
Quelle grace ! elle efface
Les plus aimables attraits !

JE te cede, il faut se rendre,
Triomphe charmant Amour !
Pourquoi m'as-tu fait si tendre,
Si je n'obtiens du retour ?
Dieux qui la fites si belle,
La souffrirez-vous cruelle ?
Rendez la tendre à son tour.
Je te cede, il faut se rendre,
Triomphe, charmant Amour !
Pourquoi m'as-tu fait si tendre,
Si je n'obtiens du retour ?

LES SOUHAITS.

AIR. *Quoi vous partez?* (N°. 28.)

POINT ne voudrois pour bien passer
ma vie,
Des riches dons du rivage Indien ;
Point ne voudrois des parfums d'Arabie,
Ni des trésors du peuple Libien :
Il ne me faut que l'amour de m'amie.
Pour moi son cœur est le souverain bien.

D'ETRE un Héros point ne me glorifie
Pour guerroier je suis trop citoyen ,
Que le François dispute l'Acadie,
Que le Hongrois batte le Prussien.
Il ne me faut que le cœur de m'amie,
Voilà mon thrône, le reste ne m'est rien.

Du fier ciseau j'ignore la magie,
Point ne voudrois graver comme un
ancien,
L'Art de Rubens ne me fait nulle envie,
Point ne voudrois primer le Titien :
Il ne me faut qu'un portrait de m'amie.
Quand je l'aurai, je ne voudrai plus rien.

C v

DE l'art des vers je n'ai point la
manie,
Je connois peu le mont Aonien ;
Mais de rimer s'il me prend la folie,
Point ne prierai le Dieu Pégasien.
Il ne me faut que le nom de m'amie,
Par ce nom seul je chante & rime bien.

JE ne veux point de la Philosophie,
Elle est trop froide & ne conduit à rien.
Je ne veux point scavoir l'Astrologie
Ni disputer du vuide Aërien.
Il ne me faut qu'un coup d'œil de m'a-
mie,
Voilà mon astre , il me conduira bien.

QU'AI-JE besoin de scavoir la Chymie,
Tous ses secrets sont de foibles moyens ?
Qu'un autre vante la Pharmacie,
Et rende hommage au fameux Gallien.
Il ne me faut qu'un baiser de m'amie,
Mon cœur renait & je me porte bien.

SI par hazard quelque autre fantaisie,
Troubloit mes sens, Amour sois mon
soutien !
Si par toi seul il faut que je l'oublie,
Cache l'erreur, car mon crime est le tien.
Il ne me faut qu'un soupir de m'amie ,
Je quitte tout, & reprend tout mon bien.

Souvent j'ai pris un peu de jalousie,
Quand on est tendre on est Pirrhonien.
Dans les transports de cette frénésie,
Tout m'affectoit, discours, gestes, main-
     tien.
Il ne me faut qu'un souris de m'amie
Mon cœur s'appaise & je ne crains plus
     rien.

Si quelque crainte allarme mon genie
C'est l'abandon d'un cœur comme le sien.
Tous les desirs de mon ame attendrie
Sont d'inspirer un feu semblable au mien.
Il ne me faut que conserver m'amie.
Plaire toujours, voilà le nœud gordien.

PARODIE DES COUPLETS
PRECEDENS.

Même air. (N°. 28.)

Tout mon souhait & ma plus forte
     envie
Auroit été d'être un nouveau Crésus.
Des riches dons d'Amérique & d'Asie
J'aurois taché d'amasser tant & plus,
Non pas pour moi, c'eût été pour m'amie,
Sans elle, hélas! les aurois-je voulus?

D'ETRE un héros j'aurois eu la manie;
Mars m'auroit vu suivre ses étendarts.
L'Antique amour, l'amour de la patrie
Ne m'eût point fait affronter les hazards.
L'espoir d'offrir mes lauriers à m'amie,
Seul m'eût frayé la routte des Césars.

D'ETRE un Apele il m'auroit pris envie,
Mais sans daigner travailler pour les
Rois.
Si de Rubens imitant la magie
La toile eût pu s'animer sous mes doigts.
Quel beau portrait j'aurois fait de m'a-
mie,
Je l'aurois peinte, ainsi que je la vois.

ETERNISER une flamme cherie
Auroit été de mes vœux le premier;
Le tendre Amour seul guide de ma vie,
Aux doctes sœurs m'eût fait sacrifier.
J'aurois été le chantre de m'amie,
J'eus mis ma gloire à la déïfier.

EN me livrant tout à l'Astronomie,
J'aurois suivi ma tendre passion.
Un nouvel astre au gré de mon envie,
Eût de nos jours brillé sur l'horison.
Au firmament j'aurois placé m'amie,
Elle eût été ma constellation.

Bien loin de fuir l'utile Pharmacie
J'en aurois ſçu braver tous les dégoûts
Je me ſerois plongé dans la Chymie
Et ſes travaux m'auroient ſemblé bien
   doux
Si quelque fois Médecin de m'amie,
J'euſſe eu le droit de lui tâter le poulx.

J'aurois banni la ſombre jalouſie,
L'amour ſincere en écarte l'horreur.
Trop délicat pour cette frénéſie,
D'un feu plus pur j'aurois fait mon bon-
   heur,
Car en l'aimant, j'euſſe eſtimé m'amie.
Sans mon eſtime auroit-elle eu mon
   cœur.

Jamais, jamais nulle autre fantaiſie,
N'auroit entré dans mon eſprit charmé.
Tous les regards d'Iris & de Silvie,
Auroient contre eux trouvé mon cœur
   armé
Juſqu'au tombeau j'euſſe adoré m'amie,
Et Venus même envain m'auroit aimé.

LES OMBRES.

Vaudeville de la Comédie de Belphegor.
(N°. 29.)

JE suis une ombre du vieux temps,
Qui Jadis fut aimable & belle ;
Rebutant toujours mes amants,
Je suis enfin morte pucelle :
Pucelle à l'âge de trente ans !
Si des Dieux la bonté suprême
Me rappelloit de mon tombeau :
En ferois-je encore de même ?
        Diablezot.

Je suis l'ombre d'un vieux Créfus,
Qui me plaignois le néceffaire,
J'amaffois écus fur écus,
Pour faire un neveu légataire,
Qui joue & fonds & revenus.
Si je repaffois l'onde noire,
Mourrois-je près de mon magot,
Faute de manger & de boire ?
        Diablezot.

Je suis l'ombre d'une beauté,
Femme d'un vieux jaloux sans bornes ;
Il étoit brutal, emporté.
Son front méritoit bien des cornes,
Pourtant il n'en a point porté.
Si j'avois encore la puissance,
Echapperoit-il d'être sot ?
Aurois-je autant de patience ?
   Diablezot.

Vous voyez l'ombre d'un Cocu,
Qui fut toujours d'humeur jalouse ;
Je méprisois le revenu
De la beauté de mon épouse,
Et fus gueux tant que j'ai vecu.
Mais à présent que c'est la mode
Que l'époux partage au gateau,
Voudrois-je n'être pas commode ?
   Diablezot.

Aux ombres s'il étoit permis
De prendre la haut leur volée,
Combien d'époux seroient surpris
De voir leur veuve consolée
Par leurs clercs, ou par leurs commis !
Prêt d'un mourant on se desole,
Jurant de le suivre au tombeau :
Après la mort tient-on parole ?
   Diablezot.

Que je vais bien à mon retour
A Belphégor chanter la game,
Quoi ? m'envoyer dans ce féjour
Pour me faire trouver ma femme !
C'eft me jouer d'un vilain tour.
Lorfque là haut il fuit la fienne,
Pourroit-il me croire affez fot
De tirer d'ici bas la mienne ?
   Diablezot.

LE VRAI BONHEUR.

AIR. *A l'ombre de ce verd boccage.*
(N°. 30.)

POur couler doucement la vie,
Il faut, dit-on, être amoureux.
A Philis, ou bien à Silvie,
Irai-je préfenter mes vœux ?
Silvie eft blonde, Philis brune,
Chacune m'enchante & me plaît.
Amour viens règler ma fortune ;
Viens, tu peux feul fixer mon choix.

VENEZ, aimable fympathie !
Favorifez mon tendre cœur !
Si vous êtes de la partie,
Tout viendra flatter mon ardeur.

C'eſt vous , dont la ſecrette force ,
Scait unir au premier regard ,
Par une douce & tendre amorce ,
Deux cœurs que conduit le hazard.

Que l'union des cœurs eſt douce !
Que de biens y ſont attachés !
Les ſoupirs même que l'on pouſſe ,
Renferment des plaiſirs cachés.
Heureux ceux qui par la tendreſſe
Comptent les momens de leurs jours ;
Plus heureux lorſqu'une maîtreſſe
Daigne répondre à leurs amours.

****

ON N'EST PAS DUPE,
DEUX FOIS.

Air. *Des folies d'Eſpagne.* (N°. 18.)

Je poſſedois une heureuſe innon-
    cence,
Jamais l'Amour n'avoit ſçu m'allar-
    mer,
Vous ſeul, Tircis , vainquant ma re-
    ſiſtance,
M'avez fait voir ce que c'eſt que d'ai-
    mer.

VOUS me juriez une flamme éter-
  nelle,
Je vous croiois plus de sincérité,
Vous en comptiez autant à chaque belle,
C'en étoit trop, pour une vérité.

JE sçais fort bien qu'un autre vous
  engage,
Le changement pour vous a mille appas.
Suivez, Tircis, votre penchant volage,
D'autres que vous, ne m'y tromperont
  pas.

L'HEUREUSE TRANQUILITÉ.

Même air. (N°. 18.)

JE vis en paix, mes peines sont finies,
Cruel Amour, je me ris de tes maux !
Je n'aime plus que l'émail des prairies,
L'onde, les bois, & le chant des oiseaux.

LA liberté d'une innocente vie,
Me fait jouir d'un tranquile bonheur,
Soupirs, langueurs, plaintes, ni jalousie,
Ne troublent point le repos de mon
  cœur.

Ah ! quel plaisir, lorsqu'après mille
    allarmes.
Un cœur s'endort dans un repos si doux !
Vous qui d'amour goutez si bien les
    charmes,
Heureux Amants, vous en seriez jaloux !

❊❊❊❊❊❊❊❊❊❊❊❊❊❊❊❊❊❊❊❊❊

REGRETS AMOUREUX.

Même air. (N°. 18.)

Pleurez mes yeux, pleurez ce coup
    funeste,
J'ai tout perdu, en perdant mon Iris,
Cruel destin, prenez ce qui me reste,
Ou me rendez ce que vous m'avez pris.

Si nos deux cœurs sont formés l'un
    pour l'autre.
Charmante Iris, unissons les donc bien,
D'autres que moi pourront avoir le vôtre,
D'autres que vous n'auront jamais le
    mien.

Ma langueur, mes soupirs & mes
    larmes,
Fléchiroient le plus superbe cœur.
Hélas ! ce sont de foibles armes,
Pour toucher d'Iris la rigueur.

RONDE DE TABLE.
(N°. 31.)

QUELLE liqueur est plus vermeille,
Que le Nectar de ma bouteille ;
C'est crime d'y mettre de l'eau,
        Rien n'est si beau.
Quand on en boit, sa douce flamme
Chatouille jusqu'au fond de l'ame.
Mes amis, faites moi raison
        Rien n'est si bon.

    TOUT est charmant à cette table ;
Mais notre hôtesse incomparable
En est le plus friand morceau,
        Rien n'est si beau.
De mille attraits elle assaissonne ;
Les mets exquis qu'elle nous donne
Avec elle on est sans façon,
        Rien n'est si bon.

    HA ! que ma Climene est charmante
Sa beauté naïve & touchante,
Surpasse tout l'Art du pinceau ;
        Rien n'est si beau.
Mais ce qui la rend adorable,
C'est son humeur toujours aimable ;

Elle est plus douce qu'un mouton,
   Rien n'est si bon.

Maris, voulez-vous que vos femmes,
Vous conservent toujours leurs flammes,
Et qu'aucun n'ait part au gateau ;
   Rien n'est si beau.
Par une douce complaisance,
Excitez les à la constance.
Pour les ranger à la raison,
   Rien n'est si bon.

D'un époux l'humeur est gentille
Quand il quitte son domicile,
Il est 'galant & damoiseau ;
   Rien n'est si beau.
Mais chez lui toujours il murmure,
Toujours gronde, & toujours censure.
Hélas ! comment l'aimeroit-on ?
   Rien n'en est bon.

Avant les nœuds du mariage,
Une fillette douce & sage
Rougit à l'aspect d'un chapeau ;
   Rien n'est si beau.
Dès que le contrat est en forme,
En Démon l'Ange se transforme ;
Et la Brebis devient Dragon.
   Rien n'en est bon.

BACCHUS PREFERABLE
A L'AMOUR.

AIR. *Ton humeur est Catheraine.*
(N°. 32.)

JE n'aime que ma bouteille,
Et l'aimerai conftament,
Sa liqueur eft fans pareille
J'en veux boire à tout moment.
Elle calme mes allarmes,
Elle banit mon chagrin,
Elle a pour moi mille charmes,
Quand elle eft pleine de vin.

POINT d'Amour, point de Sîlvie,
Je ne m'attache qu'au vin;
L'Amour eft une furie,
Qui nous tourmente fans fin:
Mais le jus de ma bouteille
N'a rien qui ne foit charmant,
Il m'enyvre, il me reveille,
Il me rend toujours content.

MES amis, point de foibleffe,
Prenez tous le verre en main;
Vous verrez qu'une Maîtreffe
N'a rien d'égal à ce vin.

Il a ce qu'il faut pour plaire,
Il ne dégoute jamais :
Est-il aucune Bergere
Qui fasse voir tant d'attraits ?

LA CAMPAGNE AUSSI DANGE-REUSE QUE LA VILLE.

Même air. (N°. 32.)

NE pourra-t-on vous contraindre
A quitter ces tristes lieux ?
Faudra-t-il toujours se plaindre
De ne pas voir vos beaux yeux ?
Encor ! quand les fleurs nouvelles,
Naissent par-tout sous les pas ;
Quand toutes les nuits sont belles,
La Campagne a des appas.

MAIS quand l'hiver la désole,
Qu'on ne peut se promener ;
Climene, il faut être folle,
Pour ne pas l'abandonner.
De ce qui vous y peut plaire,
Daignez-nous entretenir.
Je ne vois qu'une chimere
Qui vous y peut retenir.

Oui, j'ai deviné sans doute,
D'où vient un si long séjour.
Votre jeune cœur redoute,
Un mal qu'on appelle Amour :
Vous croyez qu'on ne le gagne
Qu'au milieu des jeux, des ris.
Il se prend à la campagne,
Comme il se prend à Paris.

ON PEUT MOURIR FAUTE
DE SECOURS.

AIR. *Assis sur l'herbette.* (N°. 33.)

QUAND chez toi j'arrive,
Je suis tout en eau ;
Au premier qui vive,
Envois au caveau :
Cherche sur le sable
Flaccons favoris,
Qu'on met sur la table
Pour de vrais amis.

A moi, la pépie
Me bouche le trou,
Par où dans ma vie
J'ai tant fait glou, glou ;

Ma

Ma bouche altérée
Ne peut plus parler :
Sans ma bien aimée
Je vais trépasser.

****

LE DEFAUT DE CALCUL.
(Nº. 34.)

LUCAS se plaint que sa femme
  Accouche au bout de six mois ;
Pour être à couvert de blame
  Il en falloit encore trois.
    Mais Angélique,
Dit qu'elle n'a jamais appris
    L'Arithmétique.

L'EPICURIEN.

Air. *Je suis né pour la débauche.*
(Nº. 35.)

JE suis né pour le plaisir,
Bien fou qui s'en passe ;
Je ne veux jamais choisir,
Souvent le choix m'embarasse.
Aime-t-on, j'aime soudain.
Boit t-on, j'ai le verre en main.
Je tiens par-tout ma place.

D

DORMIR est un tems perdu,
Faut-il qu'on s'y livre?
Sommeil prend ce qui t'est dû,
Mais attens que je sois yvre.
Saisis moi dans ce moment,
Fais moi dormir promptement,
Je suis pressé de vivre.

MAIS si quelque objet charmant,
Dans un songe aimable,
Vient d'un plaisir séduisant
M'offrir l'image agréable:
Sommeil, allons doucement,
L'erreur est dans ce moment,
Un plaisir véritable.

REPROCHES AMOUREUX.

(N°. 36.)

QUAND je vous ai donné mon cœur,
J'avois le vôtre en gage;
Mais je m'apercois par malheur,
Qu'un autre le partage.
Ingrat Berger qu'est devenu
Le tems si charmant que j'ai eu.

Tu Cueillois de tes propres mains
  Des fleurs dans la prairie,
Et j'en trouvois tous les matins
  Ma houlette garnie.
Ingrat Berger, &c,

Tu m'appellois de cent façons,
  Ta Reine, ou ta charmante :
Tu me donnois tous les beaux noms
  Qu'un tendre amant invente.
Ingrat Berger, &c.

Tu venois chasser les oiseaux,
  Avec un soin extrême,
Tu menois pâitre mes agneaux,
  Tu les gardois toi-même.
Ingrat Berger, &c.

Avec soin tu suivois mes pas,
  J'en étois si charmée !
Ces soins ont peu duré . . . hélas !
  Je ne suis plus aimée.
Ingrat Berger, &c.

Quand j'allois danser sous l'ormeau,
  Au son de ta musette ;
Tu ne trouvois rien de si beau,
  Que ta chere Lisette.
Ingrat Berger, &c.

AUJOURD'HUI, que de changement!
   Tircis, dans ta tendreſſe!
Ah! tu ne veux pas ſeulement
   Que mon chien te careſſe.
Ingrat Berger, &c.

CE n'eſt donc pas aſſez pour toi
   D'avoir briſé ta chaîne,
Tircis, tu veux que tout chez moi
   Se ſente de ta haine.
Ingrat Berger, &c.

PERFIDE, à mes yeux trop charmant,
   Qui pour toujours m'ignore,
Si je t'aimois moins conſtament,
   Tu m'aimerois encore.
Ingrat Berger, &c,

QUAND tu m'apercois, tu me fuis,
   Ma préſence t'afflige.
Il n'eſt pas juſqu'à mes brebis,
   Ingrat, que tu négliges.
Cruel Berger! où eſt le tems,
Que tu m'aimois ſi tendrement?

AVIS SALUTAIRE.

Air. *Je ne veux plus sortir de mon caveau.* (N°. 37.)

DE tous les biens que je possede, Iris,
Il n'en est qu'un qui soit digne de plaire ;
C'est un bijoux qui n'eut jamais de prix,
C'est le canal des plaisirs & des ris,
C'est le hochet des enfans de Cithere ;
C'est le fuseau dont on file à Cithere ;
C'est après vous le plus beau des bijoux
    Charmante Iris le voulez-vous.

    Voici le tems des jeux & des plaisirs,
Notre arbre prend son verdoyant feuil-
      lage ;
Vous pouvez bien, ma trop charmante
      Iris,
Dans nos vergers, par de tendres sou-
      pirs,
Montrer à tous vos amoureux desirs ;
Profitez bien de la fleur de votre âge
Et faites usage de cet heureux bijoux,
    Votre sort fera des jaloux.

LA FOLIE DU JOUR.

Air. (N°. 38.)

Il manquoit à nos François,
Pour comble d'extravagance ;
Il manquoit à nos François,
D'être fous jufqu'à l'excès.
Tous les Pantins qu'ils ont faits,
Eternifent à jamais
De leur efprit la demence,
De leur bon fens le décès.
Il manquoit, &c.

Tout Paris à cet accès,
Tout Paris rentre en enfance :
Tout Paris à cet accès,
Des maîtres jufqu'aux valets.
Et les Magiftrats benêts,
Feront bientôt au Palais,
Danfer pendant l'audiance
Des Pantins dans leurs bonets.
Tout Paris, &c.

Oui, je le pardonnerois
Aux Petits-Maîtres de France,
Oui, je le pardonnerois,
A tous ces Abbés coquets.
Ces hommes colifichets
Peuvent bien, quand il leur plaît,
Sans tirer à conséquence
Faire danser leur portrait.
Oui, je le pardonnerois, &c.

LA NECESSITÉ D'AIMER ET DE BOIRE.

RONDE DE TABLE.

AIR. *Que je regrette mon Amant.*
(N°. 16.)

Loin de nous, ennuyeux souci,
Porte ailleurs ton visage blême,
L'Amour veut que l'on boive ici,
Et Bacchus ordonne qu'on aime.
Aimons & buvons tour à tour,
Pour plaire à Bacchus, à l'Amour.

Le Nectar que l'on verse aux Dieux
Le cede à ce jus délectable,
Et Venus, la beauté des Cieux,
Près d'Iris ne paroît qu'aimable.

D iv

Le vin, l'amour, les ris, les jeux,
Tout s'unit pour nous rendre heureux.

BACCHUS augmente nos ardeurs,
Et l'Amour nous livre à vos charmes,
Nous cedons à ces deux vainqueurs
A votre tour rendez les armes.
Au plaisir de nous enflammer,
Unissez le bonheur d'aimer.

LES Dieux font leur félicité,
Du nectar & de la tendresse ;
Suivons les dans leur volupté
Et laissons gronder la sagesse :
Ils ne font naître nos desirs,
Que pour partager leurs plaisirs.

S'IL falloit passer dans les Cieux
Un jour sans aimer & sans boire,
Malgré l'encens, bientôt les Dieux
S'ennuiroient de leur propre gloire;
Sans Bacchus & sans les Amours,
Nul ne peut avoir de beaux jours.

VAUDEVILLE

de la Comédie Italienne. (N°. 39.)

DE l'Amour qui touche votre ame
Voulez-vous voir durer la flamme,
    Jusqu'au tombeau ?
Qu'il soit toujours dans l'esclavage,
Si jamais vous ouvrez la cage ;
    Adieu l'oiseau.

Si l'Amour me trouve cruelle,
C'est qu'il n'est pas aussi fidèle,
    Qu'il paroît beau.
Son inconstance me désole,
Sitôt qu'on le flatte, il s'envole,
    Comme un oiseau.

Au Dieu Plutus tout est possible,
Rien n'est tel pour rendre sensible
    Qu'un beau cadeau.
Par cet apas la plus ingratte
Se prend aisément par la patte,
    Comme un oiseau.

Qu'ils sçavent bien vuider la poche ;
Ceux qui montent de la Bazoche,
             D v

Dans le barreau.
Le Procureur le moins habile
A voler est bientôt agile,
    Comme un oiseau.

LORSQU'UN riche faquin s'étale
Dans la vaste & superbe sale
    De son château.
Croit-il en valoir davantage,
Point du tout, ce n'est pas la cage
    Qui fait l'oiseau.

PRES d'un mari brusque & sauvage
Mettons la douceur en usage,
    Rien n'est si beau ;
Des soins flatteurs, un doux langage,
L'Apprivoiseront dans sa cage,
    Comme un oiseau.

UN jour la gentille fauvette
Ayant agréé l'amourette
    D'un vieux corbeau.
Il se disposoit à conclure,
Par malheur pour lui la future
    Vit un moineau.

LES FOLIÉS DE CORALINE.

RONDE.

(N°. 40.)

QUE j'aime, mon cher Arlequin,
  Ah! qu'il est drole!
Que ce fripon vif & badin
Auprès du sexe feminin,
Scait bien jouer son role!
Avec un mari si badin,
Ah! qu'une femme est folle!

AUPRES du sexe feminin,
  Ah! qu'il est drole!
Chaque jour dès le grand matin
De fleurs il vient parer mon sein
  Il jase & me cajole;
Avec un mari si badin,
Ah! qu'une femme est folle!

DE fleurs il vient parer mon sein;
  Ah! qu'il est drole!
Autour de moi c'est un lutin,
Je le gronde, il pleure soudain,
  Ma rigueur le désole.
Avec un mari si badin,
Ah! qu'une femme est folle!

D vj

Je le gronde, il pleure soudain.
   Ah ! qu'il est drole !
Je fais la fiere un petit brin,
Puis j'ai pitié de son chagrin,
   Un baiser le console,
Avec un mari si badin
Ah ! qu'une femme est folle !

Puis j'ai pitié de son chagrin,
   Ah ! qu'il est drole !
Zeste, il se jette sur ma main,
Je le laisse aller son chemin.
   Sans dire une parole.
Avec un mari si badin,
Ah ! qu'une femme est folle !

Je le laisse aller son chemin ,
   Ah ! qu'il est drole !
Il se tourne & danse sans fin ,
Il veut aussi me mettre en train ,
   Toute excuse est frivole.
Avec un mari si badin,
Ah ! qu'une femme est folle !

Il veut aussi me mettre en train ,
   Ah ! qu'il est drole !
Je lui resiste , mais enfin ,
Lasse de me défendre en vain ,
   Je fais la capriole.
Avec un mari si badin ,
Ah ! qu'une femme est folle !

M U Z E T T E

DU TRIOMPHE DE L'HARMONIE.

(N°. 41.)

TEndres Amants,
Dont les pleurs & les ferments,
N'ont pu fléchir des cœurs à vos defirs
rebeles,
Dans ces beaux lieux,
Nos concerts, nos ris, nos jeux,
Des plus cruelles
Charment les cœurs & les yeux;
Conduifant leurs pas,
Dans ce féjour doux & tranquile,
Ici mille apas
Triomphent des Ingrats.
Pour la volupté
L'Amour a choifi cet azile;
Envain la beauté,
Compte fur 'a fierté.
Tendres Amants, &c.

CHER fouvenir,
Non! je ne puis te bannir,
Tu me rends le plaifir,

En retraçant ma peine;
C'eſt dans ces bois,
Où pour la première fois,
Près de Philêne,
De l'Amour j'appris les loix.
Que d'heureux moments,
Ai-je paſſé ſous ces ombrages !
Que de jours charmants,
Que de raviſſements !
Faut-il qu'un Berger,
Quand il eſt aimé ſe dégage;
Mais dois je ſonger,
Que Philêne eſt leger !
Cher ſouvenir. &c.

Tendres Zephirs,
Qui par d'amoureux ſoupirs,
Exprimez vos deſirs
Aux fleurs de la prairie;
Pour être heureux,
Vous revenez en ces lieux.
Près de Silvie,
Je viens d'expoſer mes feux
Un jeune Berger,
L'enflamme d'une ardeur nouvelle;
Et ce cœur leger
Se plaît à m'outrager.
Je le ſçai trop bien,
Hélas ! j'ai vu cette infidèle

Caresser son chien
Et rebuter le mien.
Tendres Zephirs, &c.

TRISTES langueurs,
Dont l'Amour remplit les cœurs,
Fuyez, & respectez cette liqueur ver-
meille;
Quand je bois bien,
Il ne me manque plus rien ;
De la bouteille,
Coule le suprême bien.
Quelle volupté,
D'être avec ses amis à table !
Et quelle beauté,
Vaut cette liberté !
Tout est gratieux
Avec ce jus délectable ;
Un buveur joyeux
Croit être au rang des Dieux.
Tristes langueurs, &c.

LA TRICHEUSE.
Vaudeville. (N°. 42.)

A PEINE ai-je quitté l'enfance
Que nos Bergers me font la cour,
Maman envain me fait défense
D'écouter un seul mot d'amour.

Sur ce point souvent je friponne ;
Si quelqu'un s'y prend joliment,
Je gronde d'abord hautement,
Mais tout bas mon cœur lui pardonne.

Tous les matins dans la prairie,
L'Amour me fait semer des fleurs.
Aux Bergeres les plus jolies,
On en fait des titres d'honneur.
Quand par hazard quelqu'un m'en donne,
Par un certain air nonchalant,
Je gronde d'abord hautement ;
Mais tout bas mon cœur lui pardonne.

SUR mes cheveux, mon tein, ma
taille,
Colin fait d'aimables chansons ;
Je feins de croire qu'il me raille ;
Maman me dicte ces leçons,
Je gronde, & ma fierté s'étonne,
Je ne voudrois pas l'écouter ;
Je fais semblant de m'irriter,
Mais tout bas mon cœur lui pardonne.

TETE à tête dans un boccage
Quand je suis avec ce lutin.
Ses yeux, ses mains ont un langage
Dont je connois déja le fin.

Quand pour moi sa flutte raisonne,
Quoique ce jeu paroisse doux,
J'affecte un modeste couroux;
Mais tout bas mon cœur lui pardonne.

Il pousse si loin l'aventure
Qu'il m'oblige par ses efforts,
De laisser aller ma coeffure
Pour me souftraire à ses transports.
A grands cris j'appelle ma bonne,
Ce chiffonage me fait peur,
Il offense un peu ma pudeur,
Mais tout bas mon cœur lui pardonne.

Par l'effet d'un feu téméraire
Par lui mon lacet est coupé,
Je m'efforce d'être en colere,
Et de mon busque il est frappé.
Malgré tous les coups que je donne,
Il n'en devient pas plus discret;
Je crois qu'un Démon en secret,
Lui dit que mon cœur lui pardonne.

****

LA NOUVELLE ABBAYE.

(N°. 43.)

POUR paſſer doucement la vie
Avec mes petits revenus.
Ici je fonde une Abbaye,
Et je la conſacre à Bacchus.

AFIN qu'aucun Moine ne ſorte
Et faſſe promptement ſes vœux,
Il ſera gravé ſur la porte,
Ici l'on fait ce que l'on veut.

POUR empécher que les richeſſes
Ne gâtent le cœur de quelqu'un
Argent, femme, fille & maîtreſſes,
Tous les biens ſeront en commun.

LES vœux qu'en ces lieux on doit faire,
Ne doivent pas vous allarmer,
Longs repas & courte prière,
Manger, boire, dormir, aimer.

CHACUN aura ſa pénitente
Conforme à ſon pieux deſſein,
Et telle qu'une jeune plante
La cultivera de ſa main.

Si la belle a quelque scrupule,
Son sage Directeur pourra,
La mener seule en sa cellule
Lui lever le doutte qu'elle a.

L'AMOUR jaloux de la victoire,
Que Bacchus remporte en ce jour,
Veut aussi partager sa gloire
Et fonder un ordre à son tour.

POUR Abbesse il vous a choisie,
La regle est écritte en vos yeux,
Pour être des plaisirs suivie,
Pouvoit-il jamais choisir mieux?

Si l'on reçoit dans cette troupe,
D'aussi belles que je vous vois.
Je jure en buvant cette coupe
L'ordre ne finira jamais.

QUI DOIT A TORT, ET DOIT PAYER.

AIR. *Du Prévôt des marchands.*
(N°. 44.)

VOus me devez, depuis deux ans,
Trente baisers des plus charmans;

Je vous les ai gagnez à l'ombre,
J'en veux calculer l'intérêt,
Et vous en augmenterez le nombre
Que vous me payerez, s'il vous plaît.

TRENTE baisers, charmante Iris,
N'étant payés qu'au denier dix,
Valént bien cinq baisers de rente,
Trente baisers de capital,
Dix d'intérêts joints à ces trente,
Sont quarante pour le total.

AQUITTEZ-vous, car il est tems,
Payez moi mes baisers comptans,
Et le principal & la rente,
Car sans huissiers, ni recors
Si vous en êtes refusante,
Je vous y contraindrai par corps.

REPONSE.

TIRCIS je suis de bonne foi
Vous ne perdrez rien avec moi ;
Oui je prétends vous satisfaire,
Contentez-vous, voilà de quoi,
Mais, mettez dans votre mémoire,
Qu'en vous payant je vous redois.

VAUDEVILLE

SUR LES CONSONNE AC, EC, IC, OC, UC. (N°. 45.)

JE hais les dez, les carres, le trictrac,
Je ne bois jamais d'escubac,
De ponche, ni d'arac.
Peur d'avoir la moindre claque,
Je fuis sitôt qu'on m'attaque,
Plus vite qu'un brac.
Je ne fais point ma cour à Barjac
Et pour grossir mon sac,
Je ne fais nul micmac,
Je n'ai d'horloge & d'almanach,
Que mon seul estomach.

Je suis épris de la petite Issec,
Et j'aime mieux son joli bec
Que le plus doux sorbec.
J'irois pour elle à la Méque,
Y regaler son Seneque
D'un salamalec.
J'aime autant chez elle un harang peque
Même du pain tout sec
Que perdrix & vin grec.
O mort ! si tu la rends échec
Viens m'enlever avec,

JE suis charmé, quand je suis à pic nic,
On est libre, c'est la le hic,
En payant ric à ric.
Je fais quelques vers liriques,
Et jamais de satiriques,
Ce n'est point mon tic.
Je crains moins la langue d'un aspic,
Les yeux d'un Basilic
Que le blame public.
Je ne fais nul honteux trafic,
Je suis dans mon distric.

Je ne voudrois pour l'or du monde en bloc,
Le sort m'eût-il reduit au soc,
D'aucun bien être escroc ;
D'un ami rien ne me choque,
S'il me raille, je m'en moque,
C'est me livrer l'hoc.
Je crains moins un forban de Maroc,
Que le grand frere Roc.
Oui, malgré l'air Baroc
Contre un turban je ferois troc
Plutôt que contre un froc.

Je hais les eaux de Forges & Balaruc,
Je ne porte point chez Bolduc,
D'ordonance d'Astruc.
Ne voudrois sous ma perruque
Porter cauterre à la nuque,

Dussaye être Duc.
    Eût-il le gauzier d'un Duc,
De son corps qui fait un Aqueduc,
    Devient bientôt Caduc.
Car le vin est selon saint Luc
    De tous, le meilleur suc.

LA CURIOSITE SATISFAITE.

(N°. 46.)

Vous voulez par une chanson,
Connoître ma tendresse ;
Et que je vous dise le nom,
De celle qui me blesse.
Grand Dieu ? qu'en vous obéissant
Mon plaisir est extrême !
Puisque je trouve le moment
De vous nommer vous-même.

Je ne sçaurois, de bonne foi,
Faire ni vers, ni prose ;
Mais, belle Iris, permettez-moi
De vous faire autre chose.
A cela près & de bon cœur,
Je vais vous satisfaire.
Je voudrois vous … n'ayez pas peur ;
Ce n'est rien que vous plaire.

****

LES INTERPRETES DU SENTIMENT. (n° 47)

LE langage des yeux est d'un char-
mant usage,
A deux cœurs bien unis, il offre mille
appas.
Mais que sert ce langage,
Si l'un des deux ne l'entend pas?

LA ROSE.
(No. 48.)

TENDRES fruits des pleurs de l'Aurore,
Objet des baisers du Zephir,
Reine de l'Empire de Flore
Hâte-toi de t'épanouir.

Que dis-je? hélas! crains de paroître,
Différe un moment de t'ouvrir,
L'instant qui doit te faire naître,
Est celui qui doit te fletrir.

THEMIRE est une fleur nouvelle,
Qui subira la même loi,
Rose, tu dois périr comme elle,
Elle doit briller comme toi.

DESCENS

Descens de ta tige épineuse,
Prêtes lui de vives couleurs;
Tu dois être la plus heureuse,
Etant la plus belle des fleurs.

Va! meurs sur le sein de Themire,
Qu'il soit ton thrône, & ton tombeau.
Jaloux de ton sort, je n'aspire
Qu'au bonheur d'un trepas si beau.

Si quelque main a l'imprudence
De venir troubler ton repos;
Tu porte avec toi ta défense,
Garde une épine à mes rivaux.

Tu verras plus d'un jour peut être,
L'Azile où tu vas pénetrer;
Un soupir te fera renaître,
Si Themire peut soupirer.

L'Amour aura soin de t'instruire,
Du côté dont tu dois pancher.
Rose, que ce soit sans me nuire,
Pare son sein sans le cacher.

Que Finette rende les armes
Au Dieu qui serre mes liens,
Et qu'en voyant finir tes charmes,
Elle apprene à jouir des siens.

E

ON SE PLAINDROIT A MOINS.

(N°. 49.)

POur soumettre mon ame,
A l'Empire des plaisirs,
Un Berger plein de flamme
M'entretient de ses desirs ;
Pas à pas son feu le guide
Vers la route des faveurs,
Mais son cœur encore timide
N'ose braver mes rigueurs.

QUAND d'un œil moins severe
Je flatte ses tendres feux,
Son embarras differe
L'instant de se rendre heureux :
Que n'a t-il assez d'adresse
Pour dérober au devoir,
Les preuves d'une foiblesse,
Que je crains de laisser voir.

LA sagesse trop fiere
Me défend de l'écouter,
Mais pour la faire taire,
L'ingrat n'ose rien tenter :

Il craint, il tremble, il héfite,
Il avertit ma fierté :
Mais la cruelle en profite
Pour cacher la volupté.

HIER à la victoire
Courant plus rapidement,
Il atteignoit la gloire,
Dont on couronne un amant :
Que n'ofoit-il davantage ?
Encore un pas feulement,
Ma raifon faifoit paffage
Au plaifir du fentiment.

XXXXXXXXXXXXXXXXXXXXXXXXX

LA TRIPLE ALLIANCE
AUX ABOIS.

(N°. 50.)

LE Roi d'Angleterre
A dit au Tofcan,
Mes Etats, mon frere,
Sont mis à l'encan ;
De près l'on me ferre,
Aidez-moi, je fuis perdu.
Lanturelu, lanturelu, lanturelu.

QUE repond à Georges,
Le Grave Empereur?
Moi, j'ai fait mes orges,
Adieu, ferviteur.
Je vous plains, beau Sire,
Mais, ma foi, je fuis élu.
Lanturelu, &c.

LE Roi de Sardaigne
Fait le pied de veau,
Heureux fi l'on daigne
Lui dire, Abfolvo,
Pour demander grace,
Un peu tard il eft venu.
Lanturelu, &c.

J'AURAI la barriere,
Dit le Hollandois;
Ou les étrivieres,
Repond le François,
Tout un, ou tout autre,
Nous n'aimons point l'ambigu.
Lanturelu, &c.

ADIEU la balance
Et le contrepoids,
La triple alliance
Peut garder fes poids,
Elle en a de refte
Et l'équilibre eft perdu.
Lanturelu, &c.

PEUT-ON RESTER EN SI BEAU CHEMIN.

(N°. 51.)

L'Autre jour le beau Colas,
Au fond d'un bois folitaire,
Vit la fille au gros Lucas
Qui dormoit fur la fougere;
Il la tirit par le bras.
Mon p'tit cœur vous ne m'aimez gueres,
Car tout ça n'vous touche pas,
Hélas ! vous n' m'aimez pas.

Je rotis pour vos appas,
Vous n'en êtes que plus fierre ;
Mon cœur pouffe dès, hélas !
Qui feroient fendre une pierre:
Vous me réduirez au trepas,
Mon p'tit cœur, &c.

Quand vous allez tout là bas,
Voir les champs de votre père;
D'œufs durs, de fromage gras
J'emplis votre pannetierre,
Je vous y donne le bras;
Mon p'tit cœur, &c.

Je n' fais plus que trois repas ;
Et devant votre chaumiere,
Tout d'bout comme un échalas,
Je passe la nuit entiere
Mes soupirs font peur aux chats.
Mon p'tit cœur, &c.

Lison voulant fuir Colas,
Sentit rompre sa jartierre,
Ça lui fit faire un faux pas,
Ah ! méchant qu'allez-vous faire ?
Vous m' mettrez dans l'embarras.
Je le vois bien, vous ne m'aimez gueres.
Car tout cela, &c.

Finirez-vous donc Colas,
J'irai l' dire à votre mère ;
Ouf ! vous me tordez le bras,
Agit-on de la manière ?
Quel tourment j'endure ! hélas !
Aye ! aye ! aye ! vous ne m'aimez gueres,
Car tout ça n' vous touche pas, &c.

Il prit deux baisers, ou trois,
Sur le sein de la Bergere,
Puis il se croisit les bras,
Et restit là sans rien faire.
Vous êtes donc las, Colas !
Je l' vois bien, vous n' m'aimez gueres,
Car tout ça n' vous touche pas,
Hélas ! vous ne m'aimez pas.

LES BATELIERS DE SAINT CLOUD.

Vaudeville de l'Opera comique. (N°. 52.)

SANS avoir aucune amourette,
Nos Batelieres vont gayement,
Quelquefois par amuſement,
　Nous écoutons fleurette ;
Mais ſi quelque malin garçon,
A la parole joint le geſte,
　　　Ziſte, zeſte,
　　　Zon, zon, zon.
Nous lui faiſons faire le plongeon.

　　IL n'eſt point de pilotte au monde
Qui gouverne auſſi bien que nous,
Jeunes amants embarquez vous
Et ne craignez point l'onde :
　Nous ſçavons mener l'aviron
Et notre barque eſt preſte & leſte.
　　　Ziſte, zeſte,
　　　Zon, zon, zon.
N'ayez pas peur d'aller à fond.

E iv

Sur l'Ocean de la chicanne
Plutus, & Venus voguent bien,
Notre barque avec leur soutien
    Ne fait jamais la canne.
Mais que l'on ait bon droit, ou non,
Quand l'un des deux vous le conteste,
        Ziste, zeste,
        Zon, zon, zon,
Ma foi, Themis fait le plongeon.

    Vous avez un ami fidèle,
Tout vous est garant de son cœur,
Tant que le vent de la faveur
    Pousse votre Nacelle.
Dans la rigueur de la saison
Eprouvez un peu votre Oreste,
        Ziste, zeste,
        Zon, zon, zon,
Son amitié fait le plongeon.

    La grandeur n'est qu'une chimere,
Tout git dans la comparaison,
En vain, Monsieur de sot oyson
    Est Roi dans sa chaumiere :
A la Cour loin de son donjon,
Plus grand que lui le rend modeste.
        Ziste, zeste,
        Zon, zon, zon,
Sa vanité fait le plongeon.

Les premiers jours de l'himenée,
Un époux jure à sa moitié,
Que sa vive & forte amitié
   Ne sera pas bornée :
Mais au bout du mois, quel guignon !
L'Amour à décamper est preste,
      Ziste, zeste,
      Zon, zon, zon,
Monsieur l'époux fait le plongeon.

L'Amour habite sur nos rives
Il nous brule jusques dans l'eau,
Défiez-vous de son flambeau
   Jeunes filles craintives,
Au milieu du bain le fripon,
A vous surprendre est toujours preste,
      Ziste, zeste,
      Zon, zon, zon,
Votre vertu fait le plongeon.

Un Narcisse dont la marotte
Est de paroître aimable & beau,
Est ainsi qu'un liège sur l'eau
   Que chaque flot balotte,
En Amour ce petit mignon,
Si gentil, si leger, si leste ;
      Ziste, zeste,
      Zon, zon, zon,
Surnage & ne va pas à fond.

E v

Pour Héro le discret Léandre
Passoit la mer avec vigueur,
Et chaque soir en bon nageur,
  Au port venoit se rendre.
Que je plains ce pauvre garçon,
Trop d'Amour lui devint funeste,
    Ziste, zeste,
    Zon, zon, zon,
Une nuit il fit le plongeon.

    Des galants à bonne fortune
Les feux sont par trop divisés,
Envain ils sont préconisés
  Par la blonde & la brune.
Je les hais malgré leur renom
Et leur air conquerant & leste.
    Ziste, zeste,
    Zon, zon, zon,
Qui nage trop fait le plongeon.

    Un galant passe sa jeunesse
A courir d'objets en objets,
L'Amour épuise tous ses traits,
  Pour la vaine tendresse :
Mais quand il se voit vieux garçon,
Le Regret est ce qui lui reste.
    Ziste, zeste,
    Zon, zon, zon,
Ce fanfaron fait le plongeon.

Un Auteur qui voit son ouvrage
Applaudi par le spectateur,
Nous fait valoir avec hauteur
    Un si brillant suffrage ;
Malgré sa rime & sa raison,
Quand il vient un revers funeste,
        Ziste, zeste,
        Zon, zon, zon,
Monsieur l'Auteur fait le plongeon.

LES VILLAGEOIS CONTENTS.

(Nº. 53.)

ENTRE nous, bons villageois,
Que je menons joyeuse vie !
A ces gros Messieurs Bourgeois,
Je ne portons aucune envie :
Je vivons en bonne amiqué,
Entre nous tout est par moqué
Je ne suivons point d'autre loi,
Que celle de la bonne foi.   bis.

QUAND je revenons des champs
Je trouvons une minagere,
Qui des plus biaux frits du tems,
Nous offre en riant chaire entiere ;
                    E vj

Après soupé sur nos genoux,
Elle batiffolle avec nous,
Et dès que je sommes en train
Elle se boutte au lit soudain.   *bis.*

LE Dimanche, sous l'ormiau,
Colin nous fait entrer en danse,
Il enfle son chalumiau,
Tout le village est en cadence :
Quand je sommes las, je laissons
Les filles avec les garçons,
Et j'allons notre femme & nous,
Boire ensemble comme des trous.   *bis.*

QUAND j'avons le verre en main,
Morgué, que je sommes bien aises !
A table avec le bon vin,
Des traitiaux valont bien des chaises.
Je ne voulons point d'ornement,
Ni tous ces brinborions d'argent.
N'avons-je point des mains, des dents,
Comme avions nos premiers parents. *bis.*

LES soins, les soupçons jaloux,
Ne nous tourmentont point la tête ;
Nos femmes, toutes pour nous,
Ne nous font point porter la crête.
Si je sommes Cocus par fois,
Ce n'est que par queuques Bourgeois ;

Qui venont comme au rendez-vous,
Faire vendange cheuz nous.   *bis.*

AGA! tiens! si tu sçavois,
L'autre jour une Conseillere,
Faisoit dans ces bois auprès,
Quelque affaire particuliere :
Un Monsieur aussitôt allit,
Qui cherchit & qui la trouvit.
Ma foi, ils n'en revinrent pas,
Qu'après queuque petit tracas.   *bis.*

SI t'avois vu l'autre jour
Cette Madame la Procureuse,
Dans le bois faire l'amour,
Elle a bien l'air d'être amoureuse.
Ils étoient deux & j'écoutois,
Qu'elle disoit, tu me trompois,
Chien d'Avocat, amoureux transi,
Que n'ai-je mon grand clerc ici ?   *bis.*

JE sommes assez contents,
De ce Monsieur le Commissaire.
Il se donne du bon tems,
Et boit pinte à son ordinaire.
Un jour j'lapperçus, par hazard,
Avec une fille à l'écart.
Qu'eût-il dit! s'il eût rencontré
Sa femme avec son Greffier ?   *bis.*

PARGUÉ ! je ris de bon cœur,
Quand je vis, qu'ils ne voyont goutte ;
Tous les jours à leur honneur
Il arrive quelque déroutte.
On les appelle mon mignon,
Ils croyont que c'est tout de bon.
Les Parisiens avont des fronts
Biaux & propres pour des affronts. *bis.*

TOUR à tour ils se trairtont,
A table la bande s'assemble ;
De viande ils se regorgeont,
Et puis parlont tous ensemble.
Monsieur l'Advocat Bredouillon,
En criant, croit avoir raison :
Le Procureur dit qu'au Palais
On lui rabat tous ses frais.   *bis.*

LE Notaire, en grimolant,
D'un testament compte l'histoire.
Le Commissaire en rottant,
Aux femmes gronde un air à boire :
Les femmes au brit se mêliont,
Les verres & bouteilles cassont.
Tant plus de carillon ils font,
Tant plus ils se divertissont.   *bis.*

N'As-tu pas trouvé chassant
Le gros Touron Notaire en guêtre ;
Avec son chien gris & blanc,
Qui va jappant après son maître.

Il porte un biau fufil tout clair,
Mais il tire toujours en l'air,
Cheux lui les jeunes jouvenciaux
Tirent-ils leur poudre aux moiniaux. *bis.*

Ce que je te dis tout bas,
Colin, ne vas pas le redire;
Car ces Monfieux n'aimont pas,
Que j'ofions ainfi d'eux médire.
Je fis voifin d'un Procureur,
Qui eft jaloux de fon honneur:
Pour fe venger il pourroit bien,
Acheter ma vigne pour rien.   **bis.**

L'HEUREUX HERMITTE.

AIR. *Entre nous bons villageois.*
(N°. [illegible].)

JE n'ai pour toute maifon
Qu'une pauvre & fimple chaumiere;
Que dans le pays Gafcon,
On nommeroit Gentil-hommiere;
Là, loin du bruit & du tracas,
Sans chagrin & fans embarras,
Dans mon heureufe obfcurité,
Je jouis de la liberté.   *bis*

J'AI dans le même Canton
Une vigne pour héritage,
Je prends soin de la façon,
Les Dieux bénissent mon ouvrage :
De ce bien j'use de mon mieux,
Je ne garde point de vin vieux,
La fin de mon dernier tonneau
M'annonce toujours le nouveau.   *bis.*

J'AI ma servante boistout,
Qui rit & travaille sans cesse;
Le jour je la mets à bout,
La nuit elle devient maîtresse :
Tous deux fuyons l'engagement,
Tous deux craignons le sacrement,
Tous deux qu'une même instinct conduit
Nous n'en voulons qu'à l'usufruit.   *bis.*

QUAND mes amis sont chez moi,
Ils pensent que je les regale,
Car mon cœur leur dit pourquoi
Je leur fais chaire si frugale :
A table ils paroissent contents,
Nous y buvons fort & long-tems
Je ne m'y mets que le dernier
Et suis enyvré le premier.   *bis.*

TROP penser est un abus,
Qui prevoit tout est misérable.
Le passé ne revient plus,
L'avenir est impénetrable.

Le présent est donc le vrai bien,
Songeons à l'employer si bien,
Que d'un plaisir court & passant,
Un autre renaisse à l'instant.   *bis.*

Que la fortune, à son gré,
En impose à ceux qu'elle joue,
Assis au dernier degré,
Je vois de loin tourner sa roue.
Cette Déesse avec éclat
Souvent revêtit un pied plat ;
Je ris de toutes ces erreurs
Et je renonce à ses faveurs.   *bis.*

Du monde es tu mécontent ?
Viens visiter mon hermitage,
Tu sçauras bientôt comment
De la vie on doit faire usage :
Ton cœur fût-il empoisonné
Du chagrin le plus obstiné,
Ni la raison, ni le chagrin,
Ne tiendront point contre le vin.   *bis.*

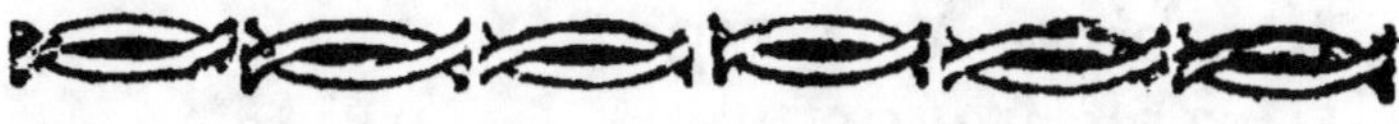

LA BERGERE COQUETTE.

(N°. 54.)

LA jeune Lisette,
Au bord d'un ruisseau,
Voyant sur l'herbette
Bondir son troupeau ;
Le comptant, la belle
Se mit à crier !
Combien de femelles,
Pour un seul Bélier.

BREBIS ! si ma mere
Ecoute ma voix,
Je sçaurai vous faire
De plus douces loix.
Je sçais par moi-même
Quel est le plaisir,
Même quand on aime,
D'avoir à choisir.

L'AMANT le plus tendre
Qui soit en ces lieux,
S'empresse à me rendre
Plus de soins qu'aux Dieux.

Il m'aime à la rage,
Il m'est importun.
C'est un mariage
De n'en aimer qu'un.

Il offre à mon ame
Les traits émoussés,
D'une vive flamme,
Qui me plaît assez.
Mais, parce qu'il m'aime,
Aurai-je l'ennui,
Et la gêne extrême
De n'aimer que lui?

Toute la jeunesse
De notre hameau,
Avec moi, sans cesse
Danse sous l'ormeau.
Un lui semble à craindre,
Il en est jaloux;
S'il ose s'en plaindre
Je les prendrai tous.

LE DESERTEUR D'AMOUR.

AIR. *Quoi ma voifine es tu fâchée?*
(Nº. 55.)

J'ENTENDS une voix qui m'appelle
Du faint Vallon ;
Infpire moi chanfon nouvelle
Cher Apollon.
J'ai trop long-tems perdu ma peine
Chantant Venus,
Je ne veux plus ouvrir ma veine
Que pour Bacchus.

PLUS de blonde, plus de brunette,
J'en fuis trop las ;
J'ai trop vanté fur ma muzette,
Leurs vains appas ;
Leurs caprices, leurs jaloufies
M'ont dégouté,
Je veux laiffer couler ma vie
En liberté.

A MON vœu je ferai fidèle,
Grand Dieu du vin !
Mais fauve moi de la prunelle
De ces lutins :

Quand je les vois mon cœur murmure;
Dans le moment,
Je suis rêveur, je suis parjure,
Je suis amant.

Que vous me paroissez aimable
Le verre en main;
Belle Iris demeurons à table
Jusqu'à demain.
Si ce petit Dieu de Cythere
En est jaloux,
Bacchus sçaura nous satisfaire;
Que perdrez vous?

Le Maître des Dieux, en tendresse
Toujours nouveau,
Devenoit pour une maitresse
Pluye, ou Taureau:
Pour surprendre beauté royalle,
Il fit l'époux;
Hercule fila pour Omphale:
Je bois pour vous.

LA BATELIERE OBLIGEANTE.

AIR. (N°. 56.)

Voulant faire un voyage,
Et ne craignant pas l'eau,
J'allai fur le rivage,
Pour y prendre un batteau.
Une jeune pucelle
Me dit en m'abordant,
Choififfez ma nacelle,
Monfieur, entrez dedans.

Je lui dis, belle Dame
Ne me trompez vous pas?
Avec vos foibles rames
Ne me nôirez vous pas?
Elle auffitôt replique,
Vous pourrez voir ici,
L'Arctique & l'Antarctique,
Le vaiffeau eft petit.

Mais, avant que je parte,
Belle, promettez-moi,
De m'nfeigner la carte,
De tout ce que je vois.

Elle se prit à rire,
De ma naïveté,
Et promit de m'instruire
Avec sincerité.

Je suivis cette belle,
J'entrai dans son bateau,
Elle mit à la voile,
Je me mis en pleine eau.
Aussitôt je decouvre
Deux coteaux ronds & blancs;
La neige qui les couvre
En fait tout l'ornement.

C'est ici, me dit-elle,
L'isle des soupirans;
C'est ici que les belles
Amusent leurs amants.
Cette isle est toute pleine
De vieillards exilés,
Qu'Amour de son domaine,
A pour jamais chassés.

Ici le badinage
Fait les plus doux moments,
Quand on est assez sage,
On n'en prend qu'en passant.
Hâtez votre voyage,
Sans vous y arrêter;
Brusquer votre passage,
C'est votre pis aller.

LES REGRETS INUTILES.

(N°. 16.)

QUE je regrette mon amant,
Jusqu'au trépas il fut fidèle,
Jeune, beau, bienfait & constant;
Des amants le parfait modele.
Daphnis m'aimoit si tendrement,
Qu'il me plaisoit infiniment.

DE son amour il me parloit
Avec une douceur extrême,
Cent fois le jour il répetoit,
Je vous adore & je vous aime.
Il le disoit si joliment,
Qu'il me plaisoit infiniment.

ASSEZ souvent il m'arrivoit,
De m'endormir sur la verdure;
Aussitôt qu'il m'y rencontroit,
D'un baiser à l'instant j'étois seure.
Il le prenoit si joliment,
Qu'il me plaisoit infiniment.

En

En mille endroits il excelloit,
Sur-tout en goût pour la parure ;
Lorſque par hazard il manquoit
Quelque choſe à ma garniture,
Il le mettoit ſi joliment,
Qu'il me plaiſoit infiniment.

QUELQUE-fois je lui demandois
De ſon flageolet un air tendre,
Soudain il m'en jouoit ; jamais
Je n'avois la peine d'attendre.
Il en jouoit ſi joliment,
Qu'il me plaiſoit infiniment.

INSENSIBLEMENT de ſon cœur,
J'aurois exigé des épreuves ;
De la plus véritable ardeur ;
Combien n'avois-je pas de preuves ?
Il m'en donnoit ſi frequement,
Qn'il me plaiſoit infiniment.

****

VAUDEVILLE
DU MAGNIFIQUE. (N°. 57.)

NE ſerrons ni femmes, ni filles ;
Les renfermer c'eſt un abus.
L'Amour aſſoupit les Argus,
Il rompt les verroux & les grilles ;

F

Les mieux gardées s'échappent bien.
Sans le cœur, vous ne tenez rien.

L'AMANT avare, & tirannique,
Verra rebuter ses desirs,
Et si l'amour a des plaisirs,
Ils sont pour l'amant magnifique.
Donnez amants, mais donnez bien,
Donner mal, c'est ne donner rien.

ON soumet des amants bizarres,
On peut aimer d'aimables foux ;
Mais que peut-on faire de vous?
Vilains jaloux, vilains avares?
Donnez amants, &c.

POUR mieux ajoûter au service,
Il faut que les dons soyent adroits,
Les présens même quelque-fois,
Offensent plus que l'avarice.
Donnez amants, &c.

UN cœur généreux & sensible
S'offense d'être mis à prix ;
Pour l'or il n'a que du mépris :
L'amour seul le rend accessible.
Ce Dieu peut tout, l'intérêt rien.
Sur un cœur fait comme le mien.

Jusq'uA prefent rien ne me touche;
Mais tout vient avec le tems.
Laiſſez paſſer quelques printems
Mes yeux diront mieux que ma bouche:
Donnez amants, mais donnez bien,
Donner mal, c'eſt ne donner rien.

L'AGREABLE SOUVENIR.

(N°. 58.)

DE l'Amour j'ai ſubi les loix,
Je n'en fais plus un vain myſtere;
Colin eſt l'objet de mon choix,
Il eſt amant tendre & ſincere.
Dans ſes tranſports à mes genoux,
Il me dit, quel bonheur extrême!
Je n'ai point de plaiſirs plus doux,
    Que de vous,
    Jurer que je vous aime.

Je goûte aux champs un doux ſom-
    meil,
Dans ſes bras ſans crainte d'outrage;
Pour me garantir du ſoleil,
De rameaux il forme un ombrage.

F ij

Son zèle pour mon intérêt,
Le tient sans cesse en exercice :
Je le trouve dès qu'il me plaît
    Toujours prêt
A me rendre service.

De mille traits intéressans
Tous ses discours il assaisonne,
Grace à lui, depuis quelque tems,
Je m'aperçois que je raisonne ;
Et si j'ignore quelque fait,
Quand il m'exprime sa tendresse,
Il m'éclaircit, me satisfait,
    Me le fait
Comprendre avec adresse.

Il vole au-devant des desirs
Que peut former mon cœur timide,
Il invente mille plaisirs,
En tout l'amour lui sert de guide.
Il a pour m'égayer l'esprit,
Toujours quelque aimable folie,
Hier encore dans mon lit,
    Il m'apprit
Une chanson jolie.

Tous les matins au mois de Mai,
Il me vient voir avant l'Aurore ;
Il me présente d'un air gay,
Des fleurs que ses soins font éclore.

Sa muzette & son flageolet,
Pour moi seule sont mis en usage,
Quand l'oceasion lui permet,
        Il me mène
        Aux danses du village.

    L'AUTRE jour mon chien s'égara,
Dans la forêt je crus l'entendre;
J'y fus, Colin s'y rencontra,
Que le fripon avoit l'air tendre !
Sur la fougere il badinoit,
Ce n'étoit pas pour me surprendre;
Mon image l'entretenoit,
        Il tenoit
        Mon chien pour me le rendre.

    Nous nous trouvames à l'écart,
Au fond d'un bosquet solitaire,
Je m'en aperçus, mais trop tard,
Colin se rendit témeraire :
Mon bavolet se dechira,
Ses mains devinrent plus ardentes,
Finissez-donc, qu'est-ce-qu'on dira ?
        Il entra
        Dans mes raisons prudentes.

    DIEU des époux, rends nous heureux,
Sous les liens d'un doux himenée !
Que l'innocence de nos feux,
Dans peu de jours soit consommée.
                    F iij

Que Colin charmé de me voir
Brûle d'une ardeur éternelle,
Et qu'à jamais il puisse avoir
Le bonheur
De me rester fidèle !

L'INSTRUCTION.

(N°. 59.)

MERE qui tient un jeune objet
Dans une ignorance profonde,
Loin du monde,
Souvent se trompe à son projet.
Elle croit que l'Amour s'envole,
Dès qu'il aperçoit un Argus :
Quel abus !
Il faut l'envoyer à l'école.

LA beauté qui charme Damon,
Se rit des peines qu'il endure,
Il murmure ;
Moi je trouve qu'elle a raison.
C'est un conteur de faribolles,
Qui n'aura pas son coffre fort :
Le Butor !
Il faut l'envoyer à l'école.

Sɪ mes feux pouvoient vous toucher,
Me dit un jour le beau Silvandre,
        D'un air tendre :
Que feriez-vous ? dis-je au Berger.
Il demeura comme une idole,
Il ne répondit pas un mot,
        Le grand sot !
Il faut l'envoyer à l'école.

    Cʟᴀᴜᴅɪɴᴇ dit un jour à Lucas,
J'irai ce soir dans la prairie,
        Je vous prie,
De ne point y suivre mes pas ;
Il promit, & tint sa parole.
Ah qu'il entend mal ce que c'est,
        Le benest !
Il faut l'envoyer à l'école.

    Lᴀᴜᴛʀᴇ jour à Nicole il prit
Une vapeur auprès de Blaise ;
        Sur sa chaise,
La pauvre enfant s'évanouit :
Blaise pour secourir Nicole,
Va chercher du monde aussitôt :
        Le Nigaud !
Il faut l'envoyer à l'école.

    L'Aᴍᴀɴᴛ de la jeune Philis,
Etant prêt à s'éloigner d'elle,
        Chez sa belle,
A soin d'envoyer un ami :
                F iv

Va, lui dit-il, & la console ;
Il se fie à son confident,
    L'imprudent !
Il faut l'envoyer à l'école.

   AMINTE aux yeux de son barbon,
A son grand neveu cherche noise :
    La matoise
Veut le chasser de la maison.
L'époux la flatte & la cajole
Pour faire rester son parent.
    L'innocent !
Il faut l'envoyer à l'école.

   QUAND je suis seule avec Colin,
Sous un feuillage tête à tête,
    Cette bête
Ne fait que m'y prendre la main.
Son ignorance me désole
Et s'il ne m'y prend tantôt
    Ce qu'il faut,
Il faut l'envoyer à l'école.

LA COLERE FEINTE.

*Vaudeville sur l'air de la Contredanse
des Pierrots. (N°. 60.)*

PIERROT sur le bord d'un ruisseau,
  Trouva Colette,
   Qui filoit seulette ;
Il lui dit, tournant son chapeau,
Pour toi je grille dans ma peau :
Je viens te parler d'amourette.
Mais la Bergere à ce beau debut la,
D'un ton farouche à l'instant s'écria :
Ah ! ah ! je voudrois bien voir ça.

  PIERROT près d'elle se plaça,
   Et cette belle
    Craintive & cruelle,
Contre Pierrot se courrouça,
Et d'une main le repoussa.
Pierrot saisit la main rébelle,
Morgué, dit-il, baisons ce bijou là !
Et la Bergere en grondant s'écria !
Ah ! ah ! je voudrois, &c.

       F v v

PIERROT qui devient hazardeux,
A l'inſtant baiſe,
La main à ſon aiſe ;
Pourquoi, dit-il, cet air boudeux ?
Sur ce gazon, jouons tous deux.
Je vais, morgué, ne t'en déplaiſe ;
Dans ton corcet mettre ce bouquet la.
Et la Bergere, &c.

AUSSITÔT-dit, auſſi-tôt fait,
Pierrot l'attache,
Colette l'arrache.
Et le lui flanque au nez tout net ;
Pierrot en eſt tout ſtupefait.
La réſiſtance enfin me fâche,
Un doux baiſer, dit il, me vengera,
En ſe troublant Colette s'écria :
Ah ! ah ! je voudrois, &c.

PAR un baiſer l'ardent Pierrot
La déconcerte,
La Bergere alerte,
Lui baille un ſoufflet auſſitôt,
Mais pas plus fort, qu'il ne le faut.
Tu vas avoir la cotte verte
Lui dit Pierrot pour ce biau ſoufflet là.
Mais la Bergere en riant s'écria :
Ah ! ah ! je voudrois, &c.

COLETTE qui craint ce badin,
　　Lui donne tape,
　　Et brufquement s'échape :
Elle gagne un bofquet voifin.
De cela rit l'amour malin.
Pierrot la fuit & la ratrape,
Tu me pairas, dit-il, pour cette fois là.
En foupirant Colette s'écria :
Ah ! ah ! je voudrois, &c.

JE ne fcais comme il la punit,
　　Mais la folette,
　　Quitta la retraitte,
Avec certain air interdit
Qui ne marquoit aucun dépit.
Ma vengeance n'eft pas complette,
Mais dit Pierrot, tantôt rien n'y man-
　　quera.
En fouriant Colette s'écria :
Ah ! ah ! je voudrois bien voir ça.

VAUDEVILLE
DE LA COMEDIE DE LA PUPILLE.
(N°. 61.)

JE suis si vieux, j'ai si long-tems
Près du beau sexe fait tapage,
Que je me croiois hors des rangs ;
Mais plus entreprenant qu'un Page,
Dans le moment il m'a suffi
D'entendre parler mariage,
Mon cœur acceptoit le deffi.
　　L'amour est de tout âge.

Je n'avois pas encore dix ans,
Qu'un espiegle du voisinage,
En dépit de nos surveillans,
Accouroit pour me rendre hommage ;
Que se passoit il entre nous ?
Rien , qu'un innocent badinage :
Mais , ô grand Dieu ! qu'il étoit doux !
　　L'amour est de tout âge.

Si dans un cercle je parois
La grande Maman la plus sage,
Gémit de n'avoir plus d'attraits ;
La mere affecte un doux langage,

La fille à marier rougit,
Et laisse tomber son ouvrage :
Celle à la bavette sourit.
   L'amour est de tout âge.

   Le vieillard est plein de bon sens,
Mais il est jaloux & sauvage ;
Si le jeune a des agrémens,
Il est fou, bisarre & volage :
Qu'il est difficile, en ce temps,
D'avoir un amant qui soit sage !
Si l'on peut l'être à quarante ans,
   Le mien est du bon âge.

PARODIE

des couplets précédens sur le même air.
(N°. 61.)

La fine coquette à quinze ans,
De ses charmes fait sa richesse ;
Puis à trente, avec ses amans,
But à but traite la tendresse :
A cinquante, quel changement !
D'un escroc elle est le partage,
Son cœur veut un amusement.
   L'amour est de tout âge.

On veut se flatter vainement,
De tenter un tendre esclavage ;
Est-il un destin plus charmant,
Que celui d'un cœur qui s'engage ? :
Laissons contre ces deux instans,
Gronder la Sagesse sauvage ;
Pour la raison il n'est qu'un tems.
   L'amour est de tout âge.

Amour que mon sort est charmant !
Que je me plais à te connoître !
Heureux mille fois le moment,
Que dans mon cœur je te vis naître !
Je touche à peine à mon printems,
Et déja je te rends hommage :
Tu va plus vîte que le vent,
   L'amour est de tout âge.

Tant qu'un jeune homme est amou-
   reux,
Il nous charme par son langage.
L'Hymen vient couronner ses feux,
De nos fers son cœur se dégage.
Après la plus belle saison,
Il nous rapporte son hommage.
Faut-il ne devoir sa raison
   Qu'aux dépens de son âge ?

PRODIGUE de mes revenus,
Je roule un superbe équipage.
Je sers l'Amour, je sers Bacchus,
Entre ces Dieux je me partage.
Si l'un jamais trompe mes sens,
L'autre seul aura mon hommage.
On ne sçauroit aimer qu'un tems,
    Mais on boit à tout âge.

L'INQUIETUDE DU REN-DEZ-VOUS.

AIR. *Des billets doux.* (Nº. 62.

AMOUR ne me trompes-tu pas,
Serai-je ce soir dans les bras
    De l'objet que j'adore ?
Hélas ! sans soupçonner sa foi,
Mon cœur hésite, & malgré moi
    N'en est pas sûr encore.

Ouvre doucement les verroux,
Sans bruit introduis-le chez nous,
    Crains d'éveiller ma mere.
Que toi, que moi, que mon amant,
Soyons les seuls dans ce moment,
    Eveillés sur la terre.

Comme jamais jusqu'à ce jour,
Je n'eus de rendez-vous d'amour,
  Que faut-il que je fasse ?
En corcet ou simple jupon,
Tout en arrivant, sans façon,
  Faut-il que je l'embrasse ?

  Peut-etre en marquant trop d'ardeur,
Les transports brûlans de mon cœur,
  Diminueront sa flamme.
Ne crois-tu pas qu'il seroit mieux,
Qu'il pût deviner dans mes yeux
  Ce que ressent mon ame ?

  Mais je vois la nuit s'approcher,
Cours, vole Amour, va le chercher,
  Seconde mon envie !
Heures coulez moins lentement !
Pour avancer ce doux moment,
  Je donnerois ma vie.

****

L'AVANTURE DU JOUR
DE L'AN.

(Nᵒ. 63.)

Le premier du mois de Janvier,
Je rencontris un Savetier,

Entre sa boutique & la nôtre :
Il me dit fort éloquemment :
Commere, bon jour & bon an,
Accompagné de plusieurs autres.

Moi, qui sçais tous les complimens
Du jour de l'an tout courament,
Comme je sçais mes Patenotres,
J'réponds, sans chercher un moment :
Compere, & moi pareillement,
Accompagné de plusieurs autres.

Comment, dit-il, va le voisin,
Et la cousine & le cousin,
Comment se portent tous les vôtres ?
Comment l'enfant se porte-t-i ?
Comment se porte le mari,
Accompagné de plusieurs autres ?

Commere, entrez, dit-il, chez nous,
J'ons d'excellent vin à six sous,
Le vôtre ne vaut pas le nôtre.
Je n'me fis pas prier beaucoup,
J'entris, nous y bûmes un coup,
Accompagné de plusieurs autres.

Quand il eut bien lavé son cœur,
V'là, Monsieur, qui comme un Seigneur,

Le long de la table se viautre.
Il me fit joliment la cour,
En poussant un hoquet d'amour,
Accompagné de plusieurs autres.

Il devenit entreprenant,
Je le repoussis rudement,
Sus vot' respect j' l'envois aux piautres.
Il mit la main dans mon corcet,
Je le regalis d'un soufflet,
Accompagné de plusieurs autres.

Il me baisit, je me fâcha,
Il redoublit, je m'appaisa ;
Il sçavoit bien, le bon apôtre,
Qu'un premier baiser nous déplaît,
Mais qu'on pardonne quand il est
Accompagné de plusieurs autres.

****

VAUDEVILLE

SUR LES DANSES DE LA PLACE ROYALE.

Air. *Du Menuet des Francs-Maçons.*
(N°. 64.)

Dans cette place, quels vàcarmes
On entend la nuit !
Non jamais la place des Carmes,
N'a fait tant de bruit.

On danse, on crie, on fait tapage ;
　　Le public est-il sage ou non ?
Bon ! ignorez-vous que l'usage
　　Contredit toujours la raison.

　　Le Clerc, le Bourgeois, la Grisette,
　　　　Le Galant plumet,
L'Homme de Robbe, la Coquette,
　　　　Le petit Colet :
Chacun y fait son personnage
　　Et vient donner cette leçon ;
Que jamais la mode ou l'usage
　　N'est d'accord avec la raison.

　　La Maman dit à sa fillette :
　　　　Pourquoi me quitter ?
Songez un peu quand je m'arrête
　　　　A vous arrêter.
Sous mes yeux & loin du tapage,
　　Asseyez-vous sur ce gazon.
Ma fille, je crains que l'usage
　　Ne joue un tour à la raison.

REPONSE

aux couplets précédents. (N°. 64.)

Morgué, pourquoi blâmer ces fêtes ?
  Peste du benêt,
Qui veut à ces plaisirs honnêtes
  Faire le procès !
Son refrain sert à mon suffrage,
  J'en juge par comparaison ;
Ma femme sert à mon usage,
  Et point du tout à ma raison.

****

REPROCHES GRIVOIS.

(N°. 65.)

Pendant mon séjour à l'armée,
O bel objet de mon amour !
Jarny, que vous vous êtes formée,
Vous v'là ronde comme un tambour.
J'vous trouverions encor' pus belle,
Si vous n'm'étiez pas infidelle.
J'sommes ben aise de vous l'dire, Catin !
  C'est qu'ça n'vous va brin.
  C'a n'vous va brin.

Sont-ce les façons , sont-ce les ma-
        nières,
Que vous d'vriez avoir avec moi ?
J'avons rebuté nos Vivandières,
Pour être fidel à not' foi.
Vous prenez des airs de sournoises,
C'a n'appartient qu'à nos Bourgeoises.
J' sommes ben aise , &c.

    J' sçavons , j' sçavons bien qu'une
            femme
Aime toujours le fruit nouveau.
Encor si l'objet de vot' flamme,
Etoit quelque gros étournau.
Mais un Robin à maigre face,
Est-il fait pour remplir ma place?
J' sommes , &c.

    J'vous avons vu parler tendresse,
A ce biau Porcureux Friscal ;
Si j'n'en avions rien vu, traitresse,
Ce n' seroit encor que demi mal :
Mais d'vant moi m' traiter en Jocrisse,
Moi qu'ai fait sept ans de Melisse.
J' sommes , &c.

    En revenant, pour vous j'achette
Un gros bouquet, touffu, ben biau,
Vous parférez une fleurette,
Qui vous vient de cet ouberiau.

Je couvrirois de ma mouſtache,
C' farluquet qui d' moi vous détache.
J' ſommes, &c.

Il a d' l'eſprit quand il harangue,
J'agirions ſi j' n'en diſions rien.
Pis, mon p'tit cœur, c' n'eſt pas la langue
Qui fait que l' mariage va bien.
Par-là, jarni ! ce minois blême
Vous f'roit jeûner avant l' Carême.
J' ſommes ben aiſe de vous l' dire, Catin !
C'eſt qu'ça n' vous va brin.
Ca n' vous va brin.

AGNES EPELANT.

(N°. 66.)

JE ne ſuis plus dans l'ignorance,
Je ſçais ma ba, be, bi, bo, bu,
Déja mon petit cœur ému,
Près d'un jeune Berger, commence
A faire ta, te, ti, to, tu.

Faites-moi donc préſent, ma mere,
D'un mari da, de, di, do, du,
Qui ſoit vigilant, vif & dru,
Sur-tout d'un âge à pouvoir plaire.
Car un vieux pa, pe, pi, po, pu.

Si pour moi sa tendresse dure,
J'aurai pour lui de la vertu.
Mais s'il est brutal & bouru,
Ah ! ma bonne maman, je jure
Qu'il sera ca, ce, ci, co, cu.

LE REVEIL DE L'AMOUR.
(Nº. 67.)

Dans un bois solitaire & sombre,
Je me promenois seul un jour ;
Un enfant y dormoit à l'ombre :
C'étoit le redoutable Amour.

J'approche & sa beauté me flate,
Mais j'aurois dû m'en défier,
Je vis tous les traits de l'ingrate
Que j'avois juré d'oublier.

Il avoit la bouche vermeille,
Le tein aussi vif que le sien ;
Un soupir m'échappe, il s'éveille :
L'Amour s'éveille d'un rien.

Aussitôt déployant ses aîles
Et saisissant son arc vengeur,
D'une de ses fléches cruelles,
En partant, il me blesse au cœur.

VA, dit-il, au pied de Silvie,
De nouveau languir & brûler.
Tu l'aimeras toute la vie,
Pour avoir ofé m'éveiller.

****

LES PRECEPTES DE L'AMOUR.

Vaudeville de la Comédie du nouveau monde. (Nº. 68.)

NOus fommes Précepteurs d'Amour,
Venez en foule à notre école;
Et ne perdez point vos beaux jours :
Quand l'hyver vient, l'Amour s'envole.

VOULEZ-VOUS être heureux Amants,
Apportez-nous un cœur docile,
Obfervez tous nos réglemens ;
Nous n'enfeignons rien d'inutile.

CE que vous apprendrez de nous,
Vous le pourrez montrer à d'autres ;
Nous n'en ferons jamais jaloux,
Et vos plaifirs feront les nôtres.

SOUPIRS, regards, foins empreffés,
Employez tout auprès des Belles ;
Peut-on jamais payer affez
Le prix qu'on doit aux cœurs fidèles?

PLUS

Plus d'une éleve en fait d'amour,
Au Précepteur a fait connoître,
Qu'elle étoit dès le premier jour
Aussi sçavante que son maître.

Il ne faut pas mettre à rançon
Le cœur d'une jeune écolière,
On est payé de sa leçon,
Quand, par bonheur, c'est la première.

Les cœurs se donnent troc pour troc,
Quand c'est de garçon à fillette.
Mais si l'amant est un vieux coq,
Qu'il soit plumé par la poulette.

QUAND LE COEUR EST DE LA PARTIE, ON SE DE-FEND MAL.

(N°. 69.)

Mon cher Colin, qu'allez-vous faire?
Pourquoi délasser mon corcet?
Finissez donc, je crains ma mere,
Si vous gâtez mon bavolet.

G

Que veut cette main qui me touche?
Ah, Colin! laissez donc ma bouche:
Pourquoi suis-je si peu farouche?
Je vais sortir de ce bosquet.
    Mon cher Colin, &c.

Votre transport me déséspère,
Vous ne craignez pas mon couroux.
Ne vous suis-je donc plus si chère?
Ah, Colin! que me faites-vous?

Vous profitez d'un trouble extrême,
Agit-on ainsi quand on aime?
M'aimerez-vous toujours de même?
Dites, Colin! le pensez vous?
    Votre transport, &c.

Momens heureux qu'amour nous
        donne,
Plaisirs flatteurs, séduisez-moi!
A vos transports je m'abandonne,
Je ne connois plus d'autre loi.

Que le plaisir d'aimer enchante!
Brûler d'une flamme constante,
Si c'est erreur, elle est charmante,
Quand on aime de bonne foi.
    Momens heureux, &c.

LA SINCERE.

(Nº. 70.)

QU'on me donne un mari gouteux,
        Boſſu , boiteux,
    Ou borgne , ou louche :
Qu'il touſſe , qu'il crache , qu'il mouche ,
Que ſes dents branlent dans ſa bouche :
    Tout cela bleſſe peu mes yeux. *bis.*
Je lui demande un eſprit peu farouche ,
    La liberté , force ducats ,
        Grand feu ,
        Grand jeu ,
    De longs repas ,
De courtes nuits , un prompt trépas.
Voilà , voilà ce qui me touche.

MENUET des Francs-Maçons.

(Nº. 64.)

ACcordez-nous votre ſuffrage ,
    Beau ſexe enchanteur !
Tout Franc-Maçon vous rend hommage ,
    Et s'en fait honneur.

G ij

C'est en aquérant votre estime
Qu'il se rend digne de ce nom.
Qui dit un ennemi du crime,
Caractérise un Franc-Maçon.

SE comporter en toute affaire
Avec équité,
Aimer & secourir son frere
Dans l'adversité.
Fuir tout procédé mercenaire,
Consulter toujours la raison ;
Ne se point lasser de bien faire,
C'est la régle d'un Franc-Maçon.

SUR notre ordre en vain le vulgaire
raisonne aujourd'hui,
Et veut pénétrer un mystere
Au-dessus de lui ;
Loin que sa critique nous blesse,
Nous rions de ses vains soupçons.
Sçavoir égayer la sagesse,
C'est le talent d'un Franc-Maçon.

BIEN des gens disent qu'au Grimoire
Nous nous connoissons ;
Et que, dans la science noire,
Nous nous exerçons.
Notre science est de nous taire
Sur les biens dont nous jouissons :
Sexe charmant, l'art de vous plaire,
Est l'étude d'un Franc-Maçon.

VAUDEVILLE
de la Comédie du Nouveau Monde.
(N°. 71.)

MERCURE.

ENtre l'amour & la raison
C'étoit toujours que si, que non.
Je viens de finir la querelle :
La paix va regner à son tour ,
La raison éclaire l'amour ,
Et l'amour s'enflamme pour elle.

LA RAISON.

Toujours que si, jamais que non ,
J'ai mis l'amour à la raison ;
Nous allons brûler l'un pour l'autre.
Que tout ressente notre ardeur ,
Dès que j'aurai fait son bonheur
Je travaillerai pour le vôtre.

L'AMOUR.

Je ne crains pas que la raison
Puisse jamais dire que non ;
Pour la soumettre à mon empire ,
Je me suis rangé sous le sien :
Et je vais m'y prendre si bien ,
Qu'elle ne pourra s'en dédire.

G iij

UNE PETITE FILLE A L'AMOUR.

SUIS-JE dans l'âge de raison?
Je dis que si, maman que non.
Faites moi sortir de l'enfance,
Dieu d'Amour, comblez mes desirs;
Et, pour avancer mes plaisirs,
Expédiez-moi ma dispense.

UN HABITANT DU NOUVEAU MONDE.

AMOUR, disoit un vieux garçon,
Je ne dirai jamais que non.
On lui fit tenter l'aventure,
Il prétendoit dire que si,
Mais il se trouva si transi
Qu'il ne soutint pas la gageure.

LA VRAIE PIERRE DE TOUCHE.

(N°. 72.)

QU'AUPRÉS d'un jeune homme, on
étale
Quelque trait de bonne morale,
Maxime ou quatrain de Pibrac;
Il s'endort, l'oreille est fermée:
De fillettes parlez-lui . . . tac.
Voilà la statue animée.

QUAND quelque Plaideur commu-
                    nique
Ses papiers à gens de pratique,
Si rien n'accompagne le sac,
On s'endort, l'oreille est fermée :
Mais joignez-y de l'argent . . . tac.
Voilà la statue animée.

AUPRÉS d'une femme galante,
Servez-vous de phrase élégante ;
Parlez-lui *Voiture* ou *Balzac*,
Elle dort, l'oreille est fermée :
Prenez le ton du Caiſſier . . . tac.
Voilà la statue animée.

QUAND pour quelque ancienne dé-
                    penſe,
On vient faire la révérence
Au Chevalier de Credillac,
Il s'endort, l'oreille est fermée.
Mais parlez-lui d'un dîner . . . tac.
Voilà la statue animée.

QU'ON propose à la jeune Iſmene
Un mari que la ſoixantaine
Commence de rendre almanach :
Elle dort, l'oreille est fermée.
Si c'est un jeune égrillard . . . tac.
Voilà la statue animée.

G iv

L'AN paſſé la jeune Amarante
Fut très-long-temps pâle & mourante ;
Des Médecins tout le micmac
N'opéra que de la fumée :
Il vint un certain Guerrier ... tac.
Voilà la ſtatue animée.

LISE à douze ans étoit pécore ;
Aucun ſoupir n'avoit encore
Preſſé ſon petit eſtomach.
Tircis vient, elle en eſt charmée,
Dans le moment l'amour fit ... tac.
Voilà la ſtatue animée.

✳✳✳✳✳✳✳✳✳✳✳✳✳✳

LE RETOUR D'IRIS.

(N°. 73.)

SORTEZ de vos retraites,
Accourez Dieu des Bois ;
Aux ſons de nos Muſettes
Accordez vos Haubois ;
Chantez l'objet que j'aime,
Secondez mes deſirs ;
Et rendez le ciel même
Jaloux de mes plaiſirs.

Dans ce lieu solitaire
Iris est de retour ;
Déesse de Cithere,
Célébrez ce grand jour :
Rappellez sur ces rives
Les Amours envolés,
Les Graces fugitives
Et les Ris exilés.

Reprenez, belle Flore,
Vos premiéres couleurs,
Couronnez vous encore
Des plus brillantes couleurs :
Joignez-vous à Pomone,
Pour embellir nos champs ;
Et prêtez à l'Automne
Les beaux jours du Printemps.

Sous ces tendres feuillages
Venez petits oiseaux,
Accordez vos ramages
Aux murmures des eaux :
Chantez l'objet que j'aime,
Secondez mes desirs ;
Et rendez le ciel même
Jaloux de mes plaisirs.

G v

LE MOYEN D'ETRE HEUREUX.

(Nº. 74.)

QUE chacun de nous se livre
Aux plus aimables transports,
Et n'attendons pas pour vivre
Que nous soyons chez les morts.
De fleurs parons notre tête,
Et pour mieux passer le jour,
Invitons à cette fête
Bacchus & le Dieu d'Amour.

QUAND notre course s'acheve,
Tous nos ébats sont cessés,
L'eau de l'oubli nous enleve
Jusqu'à nos plaisirs passés.
L'Amour au Royaume sombre
Ne porte point son flambeau,
On n'y baise que des ombres
Et l'on n'y boit que de l'eau.

AUX erreurs de l'espérance
N'immolons point nos desirs,
Le fatal instant s'avance
Qui détruira nos plaisirs.

Profitons de son absence ;
Et tandis que le jour luit,
Qu'un instant de jouissance
Succéde à celui qui fuit.

RIONS de l'erreur extrême
De ce Sage prétendu,
Toujours contraire à lui-même ,
A sa tristesse assidu ;
Que fidèle à son systême,
Dans un douteux avenir ,
Il cherche le bien suprême ,
Contentons-nous d'en jouir.

CONSEIL A THEMIRE.

Même air. (N°. 74.)

VOs yeux, charmante Thémire ,
Lancent mille traits vainqueurs ;
Profitez de cet empire
Qu'ils vous donnent sur les cœurs.
Ce n'est pas assez de plaire,
Il faut se laisser charmer :
La gloire d'être severe ,
Ne vaut pas le bien d'aimer.

G vj

L'IMAGE DE LA VIE.

AIR. *De la Muzette de M. Rochard.*
(Nº. 75.)

AU bord d'un clair ruisseau,
Une jeune Bergère,
Dans sa course légère,
Regardoit couler l'eau :
Ainsi passent les jours,
Dit-elle, du bel âge,
Et pour en faire usage,
Donnons-les aux Amours.

ESCLAVES des desirs,
Il ne faut point attendre
Qu'on ne puisse plus prendre
Les amoureux plaisirs :
Laissons-nous enflammer
Pendant notre jeunesse,
Lorsque son ardeur cesse,
Il n'est plus temps d'aimer.

HÉLAS ! comme le temps,
L'Amour porte des aîles ;
Tous les deux peu fidèles,
Tous les deux séduisans.

On ne peut arrêter
Leur faveur paſſagère,
Et leur humeur légère
Nous dit d'en profiter.

SANS retour, ſans reflux,
Quand l'onde fugitive
A quitté cette rive,
Elle n'y revient plus ;
Les charmes, les appas
Suivent les mêmes traces,
On ne voit point les graces
Retourner ſur leurs pas.

RIEN ne fut fait en vain,
Tout agit, tout deſire ;
Aimer & ſe le dire,
C'eſt remplir ſon deſtin.
L'Aurore eſt pour le jour,
Le Soleil pour le monde,
Le Rivage pour l'onde,
Et nos cœurs pour l'Amour.

L'AMOUR VENGÉ.

AIR. *Des enfans Sabotiers.* (N°. 76.)

DANS un détour
Me promenant au bois un jour
J'apperçus l'Amour
Assis au pied d'un Tilleul,
seul.
A l'aspect du trompeur,
Je recule en tremblant de frayeur ;
Mais il a l'air si doux,
Qu'ai je à craindre ? approchons.. sau-
vons nous !
O sort heureux !
Le traitre dort, tout sert mes vœux,
Ses yeux dangereux
Sont couverts d'un voile épais,
Paix.

Pour lui prendre ses traits,
Dans ces lieux tenons-nous aux aguets.
Essayons si par là
Je pourrai ... doucement... les voilà.
Ne tardons pas,
Pour l'enchaîner formons des las :
Mais que fais-je, hélas !

S'il s'éveilloit?.. Non! il dort,
fort.
Rasseurons nos esprits,
Serrons-le, dans ces nœuds il est pris.
Le cruel aussitôt
Fait un cri, se réveille en sursaut.
Tyran des cœurs,
Reçois le prix de tes rigueurs,
Je ris de tes pleurs,
Dans mes liens
Je te tiens,
Viens.

Il répond, en ces mots:
Ecoutez mes soupirs, mes sanglots,
Je suivrai votre loi,
Je vous jure un respect, lâchez-moi.
Tu me promets
De ne troubler jamais, jamais,
La tranquile paix,
Dont jusqu'ici j'ai joui.
Oui!
Pourquoi faire captif,
Un enfant qui paroît si naïf?
Je le fais trop souffrir,
Délions, je me sens attendrir.
Tu m'as fâché, me dit l'Amour,
D'un air touché;
Et d'un trait caché

L'ingrat, hélas! me perça.
Ah!

Tout mon sang se troubla,
Le perfide en riant s'envola.
Je me sens pénétré d'un ardeur!
Ah! grands Dieux! je me meurs!
Voilà comment l'Amour content,
Tient son serment.
Ah! Dieux! quel tourment!
Ainsi que lui tout amant
Ment.

LE DANGER DU SOMMEIL.

Même air. (N°. 76.)

Sous un ormeau
Assise auprès de son troupeau,
Nannette filoit,
Et regardoit ça & là,
Da.
Au rendez-vous, hélas
Quoi? Colin ne vient pas!
A la plus vive ardeur
L'ingrat n'oppose que la froideur!
Après cela,
Croyez donc ces perfides-là,

Ah ! je le vois bien, en ce moment,
Tout amant
Ment.
C'eſt ainſi qu'aux échos
Nanon faiſoit recit de ſes maux,
Occupée de Colin,
Le ſommeil la dévore,
Elle s'endort,
Dans le verger.
Arrive auſſitôt le Berger,
Qui trouva Nanon,
Repoſant ſur le gazon.
Bon.
L'occaſion,
Souvent, dit-il, fait le larron,
Je ſuis ſeul ici,
Devenons en plus hardi,
Oui.
D'un pas leſte & ſans bruit
Il l'approche, fait niche & s'enfuit.
Nannette fait un ſaut,
Et criant, ſe réveille en ſurſaut.
Sous mon mouchoir,
Colin, que voulez vous donc voir !
Comme me voilà !
Quel lutin, comme il y va.
Da.

Cesseras tu badin ?
Juste ciel ! quel est donc ton dessein ?
Laisse-moi donc, Colin !
Ah ! finis.
Mais, fripon, tu poursuis.
Enfin, hélas !
C'en est fait, je suis dans tes bras,
Je cede à tes feux,
Quel moment délicieux !
Dieux !

***

VAUDEVILLE DES MARMOTES.
(N°. 77.)

MON pere, aussi ma mere,
M'ont voulu marida,
Derida,
A sta saison derniere,
Avec un Avoca.
Eh coussi, eh coussa
Ast'heure la !
Le pauvre Amant que c'est la !

DANS ma chambre endormie
Seulette il me trouva,
Derida,
Il dit, dormez ma mie,
Et doucement s'en va.
Eh coussi, &c.

Au bois fous ces coudrettes
Seulette il me trouva,
    Derida,
A chercher des noifettes,
    Le Nigaud s'amufa.
Eh couffi, &c.

Sur l'herbette nouvelle
D'ennui je fommeilla,
    Derida :
Il faifoit fentinelle,
    Peur qu'on ne m'éveillât.
Eh couffi, &c.

Un vent à l'improvite
Mon mouchoir détacha
    Derida ;
De fon capel bien vite,
    Le Nigaud me cacha.
Eh couffi, &c.

Un coufin malhonnête
Sur le fein me piqua
    Derida ;
Le fot tourna la tête
    Et me laiffa chercha.
Eh couffi, &c.

STA piqure profonde
Me fit évanoui,
Deridi ;
Pour appeller du monde
Il se mit à couri.
Eh coussi, &c.

JE suis bien plus contente
Avec mon Savoya,
Derida,
Il rit, il danse, il chante,
Et me faisa sauta.
Eh coussi, eh coussa !
Ast'heure la !
Sauta la Catarina.

LA VIE DES MARMOTES.

(Nº. 78.)

NOus venons de Barcelonnette,
Vendre de la joie à Paris,
Que chacun de vous en achette,
Nous la donnons à juste prix.

POUR nous procurer de l'espece,
Nous apportons des raretés ;
Et nous venons à la jeunesse
Montrer nos curiosités.

Dans une Lanterne magique,
Mon pere montre un Procureur,
Qui, confommé dans la pratique,
Gagne plus d'argent que d'honneur.

Moi qui ne fuis pas idiotte,
Pour compagnon j'ai pris Jeannot ;
Laffe de porter la marmotte,
Je porte à préfent le marmot.

Mon mari, pour tenter fortune,
Fait voir la charmante Catin.
Mais c'eft une chofe commune,
Dont le profit eft peu certain.

Avec Jeannot je fuis heureufe,
Le gaillard eft bon travailleur ;
Outre la pièce curieufe,
C'eft qu'il eft encore bon frotteur.

Pièce qu'à fon gré chacun trouve,
C'eft une curiofité ;
Fefte que tout le monde approuve,
C'eft une grande rareté.

Pour le front des maris je tremble,
S'ils veulent faire les argus,
Lorfque deux jaloux font enfemble,
C'eft *cornua cum cornibus.*

++++++++++++++++++++++++++++++++++++

INVOCATION AU PRINTEMPS.

AIR. *De la Contredanse du Carnaval du Parnasse. (N°. 79.)*

PRINTEMPS dans nos boccages,
Viens remplir nos desirs ;
Sous les naissans feuillages ;
Viens payer nos soupirs !
Rends nous les Zéphirs,
Les Rossignols & leurs ramages ;
Rends nous les Zéphirs,
Les ris, les jeux & les plaisirs.
Printemps, &c.

Que ton retour assure
De précieux momens !
Qu'il naît sur la verdure
De tendres sentimens,
Dans ces lieux charmans !
Que les ruisseaux & leur murmure,
Dans ces lieux charmans,
N'enchantent que les vrais amans.
Que ton retour, &c.

O ! vous, que tout assure
Des vœux de mille amans,
A la seule nature
Devez vos agrémens !

Avec tant d'attraits,
Fussiez vous volage ou parjure,
Avec tant d'attraits,
Non je ne changerai jamais.
O ! vous que tout assure , &c.

VAUDEVILLE

de la Comédie de l'Aveugle clair-
voyant. (N°. 80.)

A Votre amant, me dit ma mere,
Ne répondez qu'en le fuyant ;
Mais malgré sa leçon sévere,
Pour Damon j'ai l'œil clair-voyant.
Mais malgré, &c.

De l'aveugle enfant de Cithère
Je pensois fort innocemment :
Quand l'autre jour sur la fougère
Je vis qu'il étoit clair-voyant.
Quand l'autre jour, &c.

Un époux devient incommode,
Quand il veut voir trop clairement ;
Mais veut-il se mettre à la mode,
Il faut qu'il soit peu clair-voyant.
Mais veut-il , &c.

Mon rival a la préférence
Sur moi par fois en la payant ;
Mais pour partager la finance,
Je fais l'aveugle clair-voyant.
Mais pour, &c.

Pour être ami de tout le monde,
Déguisons nos vrais sentimens ;
Des vices dont la terre abonde,
Ne nous montrons point clair-voyans.
Des vices, &c.

✻✻✻✻✻✻✻✻✻✻✻✻✻

A D I E U X.

Air. *De la Bequille.* (N°. 81.)

Que je suis malheureux,
Cher objet qui m'anime !
La gloire & vos beaux yeux
Partagent mon estime.
Ce seroit faire un crime
De ne pas suivre Mars ?
Mais j'en suis la victime,
Je vous aime & je pars.

REPONSE.

REPONSE.

AIR. *Nous jouiſſons dans nos hameaux.*
(Nº. 82.)

N'EST-IL donc plus dans votre cœur
Une ſeule étincelle
De ce feu dont la vive ardeur
Devoit être éternelle ?
Quoi, l'auriez-vous laiſſer mourir ?
Je ne puis le comprendre.
Un ſi beau feu peut il périr ?
Remuons-en la cendre.

REPLIQUE.

AIR. *De la Muſette de Rochard.*
(Nº. 75.)

TU fais renaître en moi
Une flamme plus vive,
Et mon ame captive
Va voler après toi.
Les belles ſont nos Rois,
Nos cœurs ſont leur empire,
Et tout ce qui reſpire,
Eſt ſoumis à leurs loix.

H

PARODIE DES GRACES
DE LA COMEDIE FRANÇOISE

AIR. *Dans un bois solitaire & sombre.*
(N°. 67.)

VOus qui toujours suivez mes traces
Et qui me cherchez avec soin,
Par-tout où vous verrez les graces,
Croyez que l'amour n'est pas loin.

D'UN moineau près de sa fauvette,
Lise admire le tendre soin :
Elle rêve, elle est inquiette ;
Croyez que l'amour n'est pas loin.

LES premiers jours le mariage
Est un nœud charmant qui nous lie :
Au bout d'un mois quel esclavage !
Ah ! l'amour est déja bien loin.

NE vous contentez pas de plaire,
Belles, aimez à votre tour :
Les plaisirs que vous pourrez faire,
Seront bien payés par l'amour.

L'OR plus fort que grille & serrure,
De Danaé força la tour.
Donnez, Amants, avec usure,
Vous serez payés par l'amour.

Mari, dont la flamme jalouse
Ne peut souffrir le moindre soin,
Si vous renfermez votre épouse,
Ce que vous craignez n'est pas loin.

Dans un bois Tircis & Lisette
Se croyoient seuls & sans témoin ;
Chacun jetta-là sa houlette :
Je crois qu'amour n'étoit pas loin.

****

LA DEFAITE DE THEMIRE.

(N°. 83.)

Pour toi seule je respire,
Cede à l'amour que tu m'inspire ;
  Aimons-nous, belle Thémire :
    Le plus grand bien
    Est un tendre lien.
Si le plus aimable a droit sur ton cœur,
    Je cesse d'y prétendre :
Mais s'il est pour le plus tendre,
    Tu dois faire mon bonheur.
    Pour toi seule, &c.

Mais je lis mon sort dans tes beaux
          yeux ;
Ce regard m'éleve jusqu'aux cieux.

Eh ! quoi ? tu foupire !
Pour toi feule, &c.

Non, Tircis ! en vain tu me pourfuis ;
Finis.
Que fais-tu, cruelle ? Eh ! quoi ; tu veux...
Dieux !
Quel tranfport furieux !
Quel délire ?
Pour toi feule je refpire,
Cede à l'ardeur que tu m'infpire :
Aimons-nous, belle Thémire !
Le plus grand bien
Eft un tendre lien.

LE CURIEUX.

(N°. 84.)

Puis-je, Iris, fans vous déplaire,
Paroître un peu curieux ?
De grace, puifqu'en ces lieux
Nul fâcheux ne nous éclaire,
Voyons comme vous l'avez...
A ces mots point de colere...
Voyons comme vous l'avez,
Le vin, quand vous en bûvez.

VOTRE esprit peut satisfaire
Les goûts les plus délicats.
Mais il est d'autres appas ,
Par où l'on peut encore plaire.
Voyons , &c.

LES REGRETS INUTILES.

Air : ... (Nº. 33.)

HEUREUSE innocence ,
Plaisirs si parfaits !
Chere indifférence ,
Où sont vos attraits ?
En vain par mes larmes ,
Mon cœur nuit & jour
Rappelle vos charmes
Perdus sans retour.

PRE's d'une fontaine
Et dessous l'ormeau ,
Je laisse en la plaine
Bondir mon troupeau.
J'eus toujours suivie
D'innocens plaisirs ;
J'eus passé ma vie
Dans d'heureux loisirs.

H iij

FATALE journée,
Funeste moment,
Où la destinée
M'offrit un Amant !
J'eus beau m'en défendre,
Pour sauver mon cœur.
Comme il étoit tendre,
L'Amour fut vainqueur.

UN loup plein de rage
Sortant du hameau,
Alloit de carnage
Remplir mon troupeau ;
Quand je vis paroître
Un jeune Berger,
Qui, sans me connoître.
Vint pour me venger.

LE loup par la fuite
Evite la mort.
Que n'ai-je à sa suite
Hazardé mon sort !
J'eusse eu moins à craindre
Qu'avec ce Berger.
Ah ! qu'on est à plaindre
Seule en un verger.

D'UN air tout de flamme
Tircis vint à moi,
De loin dans mon ame
Il jette l'effroi :

Mais trop indiscrete,
Quand je le vis mieux,
Je lus ma défaite.
Ecrite en ses yeux.

MA vertu rigide
En vain résista.
Sa bouche perfide
Me déconcerta.
Je lui parus belle,
Il sçut m'enflammer.
Je le crus fidèle
J'osai l'écouter.

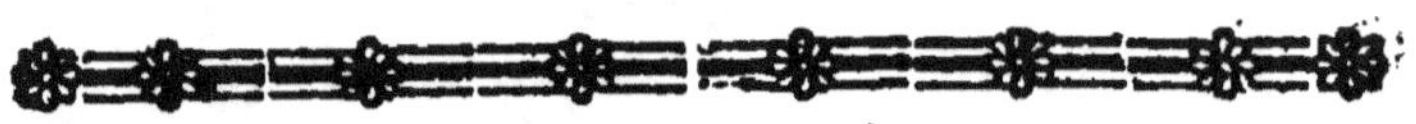

L'HONNETE HOMME
CONTENT.

AIR. *Vous qui chantez incessamment*
des Chansons sur le branle. (Nº. 85.)

AH, que je trouve d'agrémens
Dans ma pauvre chaumiere !
Quoique j'y vive sobrement,
Cent fois plus heureux, plus content,
Qu'en faisant bonne chere ;
Je ne fais point de fondement
Sur les biens de la terre.

H iv

PRÈS de moi j'ai dans mon réduit
Une femme fidelle,
Que le travail jamais n'ennuit,
Et qui très-sagement conduit
Deux enfans que j'ai d'elle.
Le repos du cœur est le fruit
D'une union si belle.

LES emplois, les biens, les honneurs
Par une douce yvresse,
N'ont jamais sçu tenter nos cœurs,
Qui ne trouvent de vrais bonheurs
Que dans l'humble sagesse.
Vous n'avez, fragiles grandeurs,
Rien qui nous intéresse.

MES parens ne m'ont point laissé
De grands biens en partage ;
Mais enfin j'ai d'eux hérité
L'honneur, la foi, la probité :
M'en faut-il davantage ?
Je puis dire avec vérité :
O l'heureux héritage !

JE travaille soir & matin
Pour notre subsistance ;
Quoique j'assiste mon voisin,
Je ne manque jamais de pain,
Grace à la Providence.
Vivant ainsi, je suis certain
De vivre en l'innocence.

VAUDEVILLE.

Aɪʀ. *Du Gaillardin.* (Nᵒ. 86.)

Cᴏᴍᴍᴇɴᴛ chanter en compagnie
        D'un goût si fin ?
Il faut pourtant, puisqu'on m'en prie,
        Céder enfin.
Et, sans faire le Grimaudin,
Entonner quelque Gaillardin.

Dᴇ nouveaux airs qui pourroient
        plaire
        J'ai magasin :
Pour un ami si je préfere
        Ce vieux refrain,
C'est qu'ennemi du Grimaudin,
Vous faites cas du Gaillardin.

Uɴ Auteur creusant sa cervelle
        Soir & matin,
Pour faire une Chanson nouvelle,
        Travaille en vain.
Il est traité de Grimaudin,
S'il ne produit du Gaillardin.

H. v.

Allons, voisin, vîte à la ronde,
Versons du vin,
Donnons rasade à tout le monde;
Ce jus divin
Dans l'esprit le plus Grimaudin,
Sçait faire entrer le Gaillardin.

Ca que chacun à sa voisine
Mette à la main,
Sans crainte qu'elle s'en chagrine,
Le verre en main.
Le plus obstiné Grimaudin
Par-là se change en Gaillardin.

Il faut user avec les belles
D'un ton badin:
Celles qui pour des bagatelles
Font les lutins,
Souvent sous un air Grimaudin,
Ont grand goût pour le Gaillardin.

Caresser un objet aimable,
Boire sans fin,
C'est-là d'un destin agréable
Le vrai chemin:
Sans passer par le Grimaudin,
Tout droit il mene au Gaillardin.

Bannissons tout esprit critique
    De ce festin,
Ne souffrons pas qu'en notre clique
    Censeur chagrin
Vienne, en maussade Grimaudin,
Contrôler notre Gaillardin.

J'ignore la fine rubrique
    Du Dieu blondin,
Je ne suis en fait de Musique
    Qu'un Carabin ;
Mais évitant le Grimaudin,
Par-tout je mets du Gaillardin.

LE PHILOSOPHE VILLAGEOIS.

(Nº. 87.)

J'Ai vu de notre Roi
La Cour & l'équipage ;
Tiens Lisette avec toi,
J'aime mieux le village
        O ! gué !
Et l'on lan la toure loure , loure, loure.
Et l'on lan la toure loure.

H vj

Un grand goûte à loisir,
Une gloire importune,
Nous avons le plaisir,
Il vaut bien la fortune.　　O gué.

Loin du brillant fracas
De la grandeur suprême,
Ton Berger dans tes bras
N'est-il pas Roi lui-même ?　　O gué,

Ceint de myrthe fleuri
Que tu cueilles toi-même,
Je vois avec mépris
Le plus beau diadême.　　O gué.

Mon Louvre est un berceau,
Mon sceptre une houlette ;
Mon empire un troupeau,
Et le cœur de Lisette.　　O gué.

Je vis loin des grandeurs
Auprès de ma maîtresse ;
Je n'ai point de flatteurs,
Mais son chien me caresse....　　O gué.

L'art s'épuise à la Cour
Pour les plaisirs du Maître ;
La nature & l'amour
Sous tes pas les font naître.
　　　　O ! gué.
Et l'on lan, la, &c.

CONSEILS PAR COMPARAISON.

AIR. *Ne v'là t'il pas que j'aime.* (N°. 88.)

EN vain j'avois bravé l'Amour
Et son pouvoir suprême,
Il me dit que j'aurois mon tour ;
Ne v'là-t-il pas que j'aime.

UN portrait qu'avoient peint les
Dieux
M'est offert par lui-même ;
Je ne fais qu'y jetter les yeux,
Ne v'là-t-il pas que j'aime ?

DIEUX ! que de graces ! que d'appas !
Ma surprise est extrême !
Je crois admirer. Mais, helas !
Ne v'là-t-il pas que j'aime ?

AMOUR me dit : C'est le portrait
De ma mere elle-même,
C'est celui d'Eglé, trait pour trait,
Et c'est elle que j'aime.

BELLE-Eglé, laisse-toi charmer,
C'est le bonheur suprême ;
Si, pour te plaire, il faut aimer,
Ne sçais-tu pas que j'aime ?

REGARDE ſur ces prés fleuris
Tircis, ou l'Amour même ;
Obſerve comme il tient Doris,
Tu ſçauras comme on aîme.

EN contemplant ces biens parfaits ;
Quel changement extrême !
Je ſens l'effet de leurs attraits,
Ne v'là t-il pas que j'aime ?

************* ************

LA FIDELITÉ.

(N°. 89.)

TA beauté toujours nouvelle
Rend mon feu toujours nouveau,
J'aimerai juſqu'au tombeau
Mon aimable tourterelle :
Et ſi l'ame eſt immortelle,
Mes amours
Dureront toujours.

TABLEAU DE LA VIE.

AIR. *De Joconde.* (N°. 20.)

NATURE en naiſſant me donna
Un rude & fâcheux pere,
Puis enſuite me gouverna
Précepteur trop ſévere ;

Les Pédans, par un Correcteur,
M'ont écorché les fesses,
Et j'ai, pour comble de malheur,
Une femme diablesse.

On trouve moyen de guérir
La pierre & la gravelle ;
La peste ne fait pas mourir,
Quoique souvent mortelle :
A la mer on peut recouvrer
Un reméde à la rage.
La mort seule peut délivrer
Du mal de mariage.

VAUDEVILLE DES FESTES DU BOIS DE BOULOGNE.

(Nº. 90.)

Venir chaque jour dans ces bois ;
    V'là l'plaisir des Dames.
Du tendre amour subir les loix,
Lui rendre hommage en tapinois,
    Faire sentir
Ses plus aimables flammes,
V'là l'plaisir des Dames,
    V'là l'plaisir.

FAIRE grand bruit à la maison ,
V'là l'plaisir des Dames.
Sans cesse y paroître un Démon ,
Au-dehors n'être qu'un mouton ,
De la raison
Ne point craindre les blâmes.   V'là &c.

EN cachette se rendre ici ,
V'là l'plaisir des Dames.
L'une y vient surprendre un mari ,
Et l'autre y vient prendre un ami.
Sçavoir ainsi
Satisfaire leurs ames.   V'là &c.

AVEC soin toujours se parer ,
V'là l'plaisir des Dames.
Aux promenades se quarrer ,
Critiquer, mordre, déchirer
Et censurer
Même toutes les femmes.
V'là l'plaisir des Dames ,
V'là l'plaisir.

LES PAN, PAN. VAUDEVILLE.

(Nº. 91.)

C'Est à grand bruit maintenant
Que l'on agit dans le monde,
Puisqu'en tous lieux on n'entend
Que ce refrain important :
Pan, pan, pan, pan, pan, pan,
Sur ce ton-là tout se fonde.
Pan, pan, pan, pan,
C'est le ton qui plaît à présent.

POUR surmonter le penchant
D'une jeunesse nubile,
On la garde vainement,
Son cœur fait secrettement :   Pan &c.
A l'aspect d'un jeune Achille.   Pan.
Tout son cœur est en mouvement.

AUTREFOIS un jeune Amant,
Cherchant en cachette à plaire,
Ne se montroit qu'en tremblant;
Mais aujourd'hui fièrement,   Pan.
Il tranche du militaire.   Pan.
Il est mille fois plus pimpant.

BERGOPZOM tint vainement
Contre le bras de la France,
Quand un Maréchal prudent
Sçut, par un coup éclatant, Pan.
Triompher de sa puissance. Pan.
Ce qu'on lui refuse, il le prend.

****

L'AMOUR RACOLLEUR.

Même Air. (N°. 91.)

ENROLEZ-VOUS, belle enfant,
Avec le Dieu de Cithère ;
Enrolez-vous, belle enfant,
Dans notre nouveau Regiment.
N'écoutez pas la maman
Qui, prenant un ton severe,
Veut vous prouver qu'un amant
Est toujours un inconstant.
Enrolez-vous, belle enfant,
Avec le Dieu de Cithère ;
Enrolez-vous, belle enfant,
Dans notre nouveau Regiment.

LE TRAN, TRAN.
VAUDEVILLE DE L'OPERA COMIQUE.

AIR. *Attaquer une Citadelle.* (N°. 92.)

AU bon papa d'une fillette
Donner toujours du meilleur vin.
Pour avoir à soi la soubrette,
De bons louis lui remplir la main :
Caresser la tante & la mere,
Pour avoir à soi la fan-fan.
C'est le tran, tran, tran, tran,
D'un amant qui veut plaire.

D'un Robin flatter la tendresse,
Pour se ménager un appui ;
Au Financier faire caresse,
Pour trouver du comptant chez lui :
Soutenir l'amant qui sait plaire,
Des deniers du vieux partisan.
C'est le tran, tran, tran, tran,
D'une fine comere.

POUR gagner une femme aimable,
Lui prodiguer divers présens ;
Pour rendre le mari traitable,
Lui donner des emplois brillans,

L'envoyer, s'il est incommode,
Dans les confins du Gévaudan.
C'est le tran, tran, tran, tran
D'un amant à la mode.

FEINDRE une ignorance profonde,
Pour mieux endormir sa maman;
Se dérober aux yeux du monde,
Pour lire à son aise un Roman :
Rougir d'un mot à double entente,
Puis en rire sous un écran.
C'est le tran, tran, tran, tran
Des Agnès qu'on nous vante.

PAROÎTRE douce & pénétrante,
Pour amorcer un jeune amant;
Par une tendresse apparente,
Le flatter d'un dessein charmant;
Demeurer fière & difficile,
Quand on tient le cœur du quidan.
C'est le tran, tran, tran, tran
D'une coquette habile.

PROUVER les faveurs d'une belle
Dont on est souvent rebuté,
Se faire honneur d'être infidelle,
De son mérite être entêté.
Juger sans voir & sans connoître,
De tout blâmer se faire un plan.
C'est le tran, tran, tran, tran
De qui veut trop paroître.

A l'Opéra l'on nous étonne,
Par un spectacle merveilleux.
A la Comédie on nous donne
Du beau, du grand & du pompeux.
Avec un rien qui flate & pique,
Sçavoir attirer le chalan,
C'est le tran, tran, tran, tran
De l'Opéra comique.

****

LE BUVEUR CONSTANT.

(Nº. 93.)

JE ne changerois pas pour la coupe des
Rois,
Ce petit verre que tu vois;
Ami, c'est qu'il est fait
De la même fougere,
Sur laquelle cent fois,
Cent fois
J'amusois
Ma Bergere.

****

LES LIRON, LIRETTE
VAUDEVILLE.
(N°. 94.)

LA femme à notre ombre reſſemble;
Dès qu'on la pourſuit,
Elle fuit.
Mais on eſt fait pour être enſemble,
Et dès qu'on la fuit,
Elle fuit.
Ta fierté m'a fait languir follette,
A préſent tu me fais la cour,
Chacun a ſon tour,
Liron, lirette,
Chacun a ſon tour.

EPOUX, quelle eſt votre maxime
En fauſſant l'amour conjugal ?
Si pour vous ce n'eſt point un crime,
En vous imitant fait-on mal ?
Pour autoriſer une coquette,
Ne peut-on vous chanter en ce jour;
Chacun a ſon tour ? &c.

POURQUOI me grondez - vous, ma
mere,
Si l'amour m'impoſe des loix ?
Hélas ! permettez-moi de plaire,
Comme vous fites autrefois.

Votre temps n'est plus, je suis jeunette,
Mon cœur s'ouvre aux traits de l'amour.
        Chacun a son tour, &c.

    Qu'elle est sotte, ma sœur aînée,
A quinze ans elle n'aime pas !
Pour subir le joug d'Himenée,
Sur elle que n'ai-je le pas !
Quoique de cinq ans je sois cadette,
J'aime un jeune amant fait au tour.
        Chacun a son tour, &c.

    Chez Dorimene, sans obstacle,
L'Amant précéde l'Officier ;
Le Robin là mene au spectacle,
Le soir est pour le Financier :
A tous ses amants une coquette
Sçait ainsi partager le jour.
        Chacun a son tour, &c.

    Lucas soupiroit pour Colette,
Sans être payé de retour ;
Il la suit aux champs, il la guette,
Et la suprend dans un détour.
Vainement les cris de l'indiscrette,
Frappent les rochers d'alentour.
        Chacun a son tour, &c.

    Fille qui cede à la fleurette,
Se trouve sotte & ne dit mot.
Mais qu'une femme soit coquette,
C'est l'époux qui se trouve sot.

Un garçon attrape une fillette ,
L'Hymen l'en punit quelque jour.
    Chacun a son tour, &c.

    Pour en compter à sa voisine,
Damon s'esquive le matin :
Sa femme , qui n'est pas moins fine,
Chez elle introduit le voisin.
Qu'il est doux, en écoutant fleurette,
D'unir la vengeance à l'amour !
    Chacun a son tour , &c.

    Tant que Margot fut au village ,
Un seul amant combla ses vœux ;
L'air de Paris la rend volage ,
Elle en quitte un , elle en prend deux.
Par degré elle devient coquette.
A présent qu'elle est à la Cour,
    Chacun a son tour, &c.

    Un traitant que sa femme engraisse,
Est dégraissé par sa Laïs ;
Le Gascon plume la Déesse,
Le jeu la venge du Cousis ;
Des émolumens de la bassette,
Thémis enfin s'empare un jour.
    Chacun a son tour , &c.

    Un Auteur dit que la jeunesse,
En fait de mystère amoureux,
En sçait autant que la vieillesse ,
Et l'exécute beaucoup mieux.

                  Maman.

Maman, cédez à votre fillette,
Quand vous venez fur le retour.
   Chacun a fon tour, &c.

   Tout le monde fe fuccéde,
Le gros Commis fe croit un Roi.
Mais un revers furvient, il céde :
Et fon laquais a fon emploi.
Celui-ci, au gré d'une coquette,
Se verra révoquer un jour.
    Chacun a fon tour, &c.

   De tous plaifirs je fais ufage,
Mais aucun ne me fait la loi.
A la beauté je rends hommage,
Et chaque belle a droit fur moi.
Je courtife Fanchon & Lifette,
Et Bacchus fuccéde à l'amour,
    Chacun a fon tour,
     Liron, lirette,
    Chacun a fon tour.

LES AVEUX INDISCRETS.

Même air. En Dialogue. (N°. 94.)

MATHURIN.

J'Eus un enfant avant ma noce ;
Ma femme, élevons-le cheux nous.

MATHURINE.

Moi j'eus de même un fruit pré-
coce ;
Faisons-le venir, cher époux.

MATHURIN.

Helas ! grands Dieux ! que viens-je
d'apprendre !

MATHURINE.

Je t'en fais l'aveu en ce jour,
Chacun a son tour,
Liron, lirette,
Chacun a son tour.

LA SURPRISE OPPOSÉE A LA VRAISEMBLANCE.

(N°. 95.)

Que les mortels redoutent le trépas,
Et que tout homme ait grande envie
De jouir long-temps de la vie :
Cela ne me surprend pas.

Mais que chacun à l'abréger s'adonne,
Et que, pour en hâter le cours,
Leur intempérance ait recours :
Aux expédiens les plus courts
    C'eſt-là ce qui m'étonne.

    QUE le mari d'un objet ſans appas
Cherche un amuſement aimable,
Quoiqu'au fond il en ſoit blâmable :
    Cela ne me ſurprend pas.
Mais que l'époux d'une beauté mi-
    gnone,
Qui de bien vivre a le renom,
La quitte pour une guenon,
Qui jamais ne répondit non :
    Voilà ce qui m'étonne.

    QUE Ducs & Pairs, Seigneurs &
    Magiſtrats,
Trouvent ſouvent ſur leur paſſage
Des gens qui leur rendent hommage :
    Cela ne me ſurprend pas.
Mais qu'une Cour tous les jours envi-
    ronne
Un faquin qui ſur un brancard
Foule des couſſins de brocard,
Aux dépens du tiers & du quart :
    C'eſt là ce qui m'étonne.

Que des objets qui font nés délicats,
Sans leur équipage & leur fuite
Ne puiffent faire une vifite :
    Cela ne me furprend pas.
Mais que Philis, qui nuit & jour pié-
    tonne,
Ait des maux de gorge & hoquets,
Pour avoir été fans laquais,
Du vieux Louvre au quai Malaquais :
    Voilà ce qui m'étonne.

    Qu'a s'ajufter du haut jufques en-
    bas,
Iris, pour paroître jolie,
Paffe la moitié de fa vie :
    Cela ne me furprend pas.
Mais qu'un Abbé qui toujours s'amy-
    donne,
Et qu'à pas comptés ce poupin
Sur la pointe d'un efcarpin
Marche toujours droit comme un pin :
    C'eft là ce qui m'étonne.

Qu'au Châtelet Doyens & Candidats
Plument comme il faut une dupe,
Qui dans un procès les occupe :
    Cela ne me furprend pas.

Mais qu'en quittant cette troupe glou-
 tonne,
Un Plaideur aille dans l'inftant
Chez un autre où l'on gruge autant,
Porter de fes fonds le reftant
 Voilà ce qui m'étonne.

Qu'un foupirant prodigue fes ducats,
Quand chez la beauté qui le pique,
Il eft le premier & l'unique :
 Cela ne me furprend pas.
Mais au pays où l'on danfe & fre-
 donne,
Une troupe d'Enchériffeurs
Se ruinent pour des douceurs
Qu'ont goûté tant de Précurfeurs :
 C'eft là ce qui m'étonne.

Que dans Alger l'on trouve des in-
 grats,
Et que chez ce peuple barbare
La reconnoiffance foit rare :
 Cela ne me furprend pas.
Mais qu'à Paris mainte & mainte per-
 fonne
Viennent vous demander Lundi
Un plaifir que l'on fait Mardi,
N'y fongent plus le Mercredi :
 Voilà ce qui m'étonne.
I iij

LA DÉCOUPURE.

(N°. 96.)

S'Il est vrai qu'Hercule fila,
Qu'avez-vous à craindre?
Découpez sans vous contraindre.
S'il est vrai qu'Hercule fila,
Guerriers réglez-vous sur cet exemple-là.
Découpez,
Découpez,
Découpez tous.
Faites des fleurettes,
Pour embellir nos toilettes.
Découpez,
Découpez,
Découpez tous.
L'exemple d'Hercule est une loi pour
vous.

Dans cet amusement nouveau
Laisse moi paisible,
Petit Dieu qui rend sensible.
Si tu viens, Amour, mon ciseau
Coupera ton aîle, éteindra ton flambeau.
Découpons,
Découpons,
Rien n'est si beau!

C'est un art commode,
Qu'on met par-tout à la mode.
Découpons,
Découpons,
Rien n'est si beau.
C'est le seul moyen de peindre sans
pinceau.

L'AUTRE jour un vieux radoteur,
Pour plaire à sa belle,
Voulut découper chez elle.
L'autre jour un vieux radoteur,
Voulut galamment lui tailler une fleur.
Découpez,
Découpez,
Découpez donc,
Lui disoit Climene,
Mais elle y perdit sa peine.
Découpez,
Découpez,
Découpez donc.
Le maudit ciseau que celui d'un Bar-
bon.

VOULEZ-vous mériter mon choix,
Aimable jeunesse,
Faites-moi voir votre adresse.
Voulez-vous mériter mon choix,
A la découpure exercez tous vos doigts.

Découpez,
Découpez,
C'est votre emploi.
Pour vous en instruire,
Deux leçons peuvent suffire.
Découpez,
Découpez,
C'est mon emploi.
Dans cet exercice, Amans, imitez-moi.

L'AUTRE jour avec le ciseau
Chacun chez Silvie
Faisoit briller son génie.
L'autre jour avec un ciseau
Chacun entreprit de faire son oiseau.
Aussi-tôt,
Aussi-tôt
Avec un ciseau
La jeune Isabelle
Fit une tourterelle.
Un Abbé,
Un Abbé
Fit un moineau,
Certain Officier fit un coucou fort beau.

O! l'aimable variété,
Que cet art enfante!
Grands Dieux! quelle est charmante.
O! l'aimable variété!
On ne peut l'avoir sans en être enchanté.

Découpons,
Découpons,
Rien ne plaît tant
Que la bigarrure
Faite par la découpure.
Découpons,
Découpons,
Rien ne plaît tant.
On peut fur le champ faire un tableau
changeant.

L'HOROSCOPE.

(Nº. 97.)

D'Un jeune plumet vif & tendre,
Philis voulant combler les vœux,
Fut à l'Oracle pour apprendre
S'il auroit toujours mêmes feux.
On lui dit que fuivant l'àge,
Son bonheur le rendroit volage.
Beautés fenfibles, fongez-y :
L'Horofcope fut accompli.

Un mari languiffant, débile,
D'héritiers étant dépourvu,
S'en fut confulter la Sibylle.
Voici ce qui fut répondu :

Le grand air te feroit utile,
Pour quelque mois quitte la ville.
Il est six jours hors de chez lui :
L'Horoscope fut accompli.

L'Epoux d'une femme jolie,
Fatigué par un long procès,
Fut consulter l'Astrologie,
Pour en sçavoir le succès.
On lui prédit victoire entiere,
Si Madame suivoit l'affaire.
Il le permet en bon mari :
L'Horoscope fut accompli.

On prédit à certaine prude
Que l'amour vaincroit sa rigueur.
Elle redouble son étude,
Pour que l'oracle soit menteur.
Gens d'élite viennent chez elle,
Aucun ne fléchit la cruelle.
Il se présente en étourdi :
L'Horoscope fut accompli.

L'Epoux d'une belle Joueuse
Chez le Destin apprit un jour,
Que d'une carte malheureuse
Il devoit craindre un mauvais tour.
Le jour qui prédit cette perte,
Un Sous-Fermier fringuant, alerte,

Vint du matin, avant midi :
L'Horoscope fut accompli.

Un vieux & grave personnage
Dans l'hymen voulant s'engager,
L'oracle lui dit qu'à son âge
On doit craindre certain danger.
Toujours rempli de sa folie,
Un beau matin il se marie.
Hélas ! avant le jour fini,
L'Horoscope étoit accompli.

Sur le point de faire un voyage,
Damon voulut être éclairci,
Si l'objet de son tendre hommage
Ne le mettroit point en oubli.
On lui prédit que sa Climene
L'oublieroit avant la quinzaine.
Il partit Dimanche, & Lundi
L'Horoscope étoit accompli.

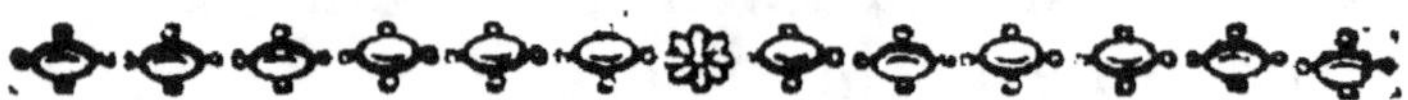

LA POULETTE.

Vaudeville de la Comédie Italienne.
(N°. 98.)

Lorsqu'une jeune poulette
Sort de l'œuf & voit le jour,
Tout aussi-tôt la follette
Vole au poulallier d'amour.

I vj

En ouvrant le bec, turlurette,
Elle sçait chanter cocodette.
Un petit cochet en écho
Répond d'abord cocorico.

LA volaille est une emplette
Où le plus fin est tondu :
On croit prendre une poulette,
Qui n'ait point encor pondu.
On la prend souvent, turlurette,
A son troisiéme œuf, cocodette,
Lorsqu'elle a, dans plus d'un duo,
Accompagné cocorico.

LORSQU'UN fin Gascon se coule
Dans un riche poulallier,
Il vous sçait plumer la poulette,
Et sans la faire crier.
Près d'un coffre fort, turlurette,
Entend-il chanter cocodette,
Notre cadedis en écho
Répond d'abord cocorico.

PRE's d'une jeune poulette,
C'est en vain qu'un coq barbon
Va débiter sa fleurette :
Il ne prend pas bien le ton.
Ce n'est pas pour lui, turlurette,
Que l'on veut chanter cocodette.

Le vieillard dans un duo
Diroit trop bas cocorico.

Il est de fines poulettes,
Qui, devant bien des témoins,
Chantent comme des fauvettes,
Trois fois la semaine au moins.
Près d'un poulallier, turlurette,
On entend chanter cocodette.
Mais ce n'est pas pour un zero,
Qu'on répond cocorico.

VAUDEVILLE

DE LA COMEDIE D'ESOPE AU PARNASSE.

Air. *Accordez-nous votre suffrage.*
(N°. 64.)

IL est une aimable folie
Qu'on peut écouter,
Par qui la sagesse embellie
Se fait mieux goûter.
Malheur à qui nous fait un crime
D'un Madrigal, d'une Chanson.
Celui qui dédaigne la rime,
Ne connoît guères la raison.

LUCILE aimoit le jeune Alcandre;
Plumet indigent.
On la marie au vieux Lisandre,
Pourquoi ? Pour l'argent.
Pour l'épouse, quel voisinage !
Pour l'époux, quelle liaison !
Ils vont s'accorder en ménage,
Comme la rime & la raison.

PAR une triste destinée,
Deux cœurs amoureux,
A peine unis par l'hymenée,
Cessent d'être heureux.
C'est que ne rimant plus ensemble,
Deux époux sont comme en prison,
Lorsque le nœud qui les rassemble,
N'est formé que par la raison.

AH ! morbleu la sotte manie
Que celle des Vers,
Elle met en cérémonie
La tête à l'envers.
De l'art d'écrire à l'art de boire
Est-il quelque comparaison ?
Quand je dis : Verse à moi, Gregoire,
J'unis la rime à la raison.

UN jour le rusé Timarette
Sçut, par un bouquet,
Attirer l'innocente Annette,
Au fond d'un bosquet.

J'ignore tout ce qu'ils se dirent ;
Mais malgré cette trahison,
Je soupçonne qu'ils entendirent
Mieux que la rime & la raison.

Je ris quand je vois une mere,
Dans un jeune cœur,
Opposer la sagesse austere
A mon air vainqueur.
Eh ! songez, meres de famille,
Songez qu'il est une saison,
Où le cœur de vos pauvres filles
N'entend ni rime, ni raison.

****

CHANSON
SUR L'AIR (N°. 99.)

QUAND ma mere, dans ses leçons,
Me dit qu'il faut fuir les garçons,
          Je sommeille.
Tout aussi-tôt que j'en vois un,
Je sens un trouble peu commun
          Qui me réveille.

Lorsqu'au bois je file mon lin
Souvent à côté de Colin,
          Je sommeille.
Il me fait niche en ces instans ;
Et toujours quand il n'est plus tems,
          Je me réveille.

Que Maturin est assommant !
Toute la nuit profondément
Il sommeille.
Un cœur, quand il devient époux,
Perd cet empressement si doux,
Qui nous réveille.

Maturine a beau m'agacer,
Me caresser & me pincer,
Je sommeille.
Elle est assez gentille ; mais,
Quand on tâte d'un autre mets,
Cela réveille.

Avant l'âge de nos beaux jours,
Sans soins, sans soucis, sans amour,
On sommeille.
Toute la nuit, passé quinze ans,
On a certains objets présens,
Qui vous réveillent.

❋❋❋❋❋:❋❋❋❋❋:❋❋❋❋❋

L'INCREDULE.

(Nº. 100.)

Je veux, dit Agnès, profiter
Des sages leçons de ma mere :
Elle a soin de me répéter,
Qu'il n'est pas un homme sincere ;

Vous promettez beaucoup, Licas :
    Mais, Berger, ne mentez-vous pas ?
    Ne mentez-vous pas ?

    Il ne faut pas toujours jaser
Avec fille qui capitule.
Agnès, je veux vous le prouver,
Dit-il, à la belle incrédule ;
C'est à quoi tendent tous mes pas.
    Mais, Berger, &c.

    De la vérité de ses feux
Un serment fut le premier gage :
L'amour ne fut point pareſſeux
A répondre à ce doux langage,
Agnès ſourit, & dit tout bas :
    Mais, Berger, &c.

    L'ardent Licas au ſon de voix,
Jugea qu'il falloit entreprendre,
Entrons, lui dit-il, dans ce bois ;
C'est là que je veux vous apprendre,
Combien je chéris vos appas.
    Mais, Berger, &c.

    Arrivés dans ce beau ſéjour,
Licas l'embraſſe & la careſſe ;
Et dans l'excès de ſon amour,
Lui dit d'un ton plein de tendreſſe :

Agnès, je meurs entre vos bras !
   Mais, Berger, &c.

IL fit, à l'ombre d'un ormeau,
Tout ce qu'il put pour la convaincre ;
C'étoit toujours doute nouveau,
Préjugé difficile à vaincre.
Il lui dit enfin : Je suis las !
   Mais, Berger, &c.

JE ne sçaurois tant répéter,
Venez demain sous ce feuillage ;
Charmante Agnès, sans me vanter,
A d'autres preuves je m'engage.
J'y serai, dit-elle, Licas.
   Mais, Berger, &c.

LE lendemain sur nouveaux frais,
Notre couple se met en lice ;
Mais Agnès ne voulant jamais
A son Amant rendre justice.
Belle, dit-il, plus de combats.
Cherchez qui ne vous mente pas,
   Qui ne vous mente pas.

L'ORACLE.
(N°. 101.)

DAns ce tableau c'eſt la nature
Qu'on y voit briller toute pure ;
L'art s'y cache ſi bien, qu'on ne l'ap-
        perçoit pas :
    Tout Paris en eſt idolâtre.
    Pour emplir loges & théâtre,
Cet oracle eſt plus ſûr que celui de
        Calchas.

    J'ENTENDS certain Auteur cauſtique,
    Qui d'être connoiſſeur ſe pique,
Décocher quelques traits, dont on fait
        peu de cas.
    J'ignore quel démon l'inſpire ;
    Mais jamais il ne pourra dire :
Mon oracle eſt plus ſûr que celui de
        Calchas.

    PLAIDEUR qu'une longue chicanne
    A d'éternels ennuis condamne,
A quoi bon conſulter les meilleurs Avo-
        cats ?
    Prends aimable ſolliciteuſe,
    Ton affaire n'eſt pas douteuſe.
Cet oracle eſt plus ſûr que celui de
        Calchas.

Barbons qui d'une humeur jalouse
Sous la clef tenez jeune épouse ;
Malgré tous vos verroux & tous vos
cadenats ,
L'amour, en prenant ses mesures ;
Aura la clef de vos serrures.
Cet oracle est plus sûr que celui de
Calchas.

Quel Dieu préside à cette table,
Mets exquis, boisson délectable !
Un Gascon, par sa voix, fait l'honneur
du repas.
Quelle dépense ! elle m'effraye.
Ce n'est pas le Gascon qui paye.
Cet oracle est plus sûr que celui de
Calchas.

* * * * * * * * * * * *

LE MOULIN DE LA MEUNIERE.

VAUDEVILLE
de la Comédie des trois Cousines.
(N°. 102.)

Ici l'amour & sa mere
Vont d'un air badin,
De la beauté la plus fiere
Enflammer le sein.
Le joli, belle meuniere,
Le joli moulin.

LE Dieu de la bonne-chere
Fait à tous festin,
Chacun s'yvre à sa maniere,
D'amour ou de vin.   Le joli &c.

TOUT le long de la riviere,
Chacun par la main
Mene en chantant sa Bergere,
Exempt de chagrin.   Le joli &c.

LA d'une danse légere,
En blanc escarpin,
Thibaut avec sa commere
Foule le sain-foin.   Le joli &c.

RICHESSE & grandeur pour plaire
Sont un sûr moyen;
Mais mon cœur charmé préfere
A tout autre bien   Ton joli &c.

JE vivrai dans ma chaumiere
Content du destin,
Si je puis, pour grace entiere,
Obtenir enfin
Ton joli, belle meuniere,
Ton joli moulin.

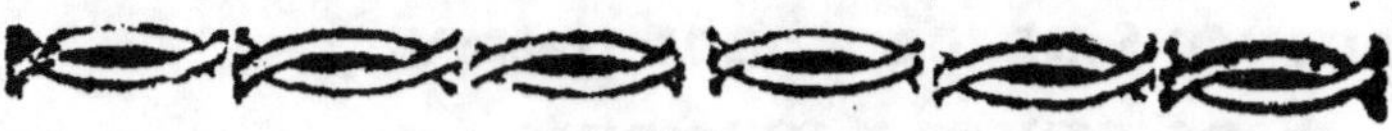

LA BONNE AVENTURE.

Autre Vaudeville des trois Cousines.
(N°. 103.)

JEUNES filles qui portez
    Blonde chevelure,
L'amour vient de tous côtés
Rendre hommage à vos beautés.
    La bonne aventure. O gué !
    La bonne aventure.

    LONGUE souffrance en aimant
    Est chose bien dure,
Mais lorsqu'un heureux amant
Plaît au premier compliment,
    La bonne, &c.

    VOIR sans obstacle un ami,
    Bagatelle pure !
Mais pour un amant chéri.
Tromper tuteur ou mari,
    La bonne, &c.

    SI l'amour d'un trait malin
Vous a fait blessure,
Prenez-moi pour Médecin
Quelque bon Garde-moulin.
    La bonne, &c.

Suivons un penchant flatteur,
Sans peur du murmure :
Est-il plus grande douceur
Que celle qui donne au cœur ?
La bonne aventure. O gué !
La bonne aventure.

L'EMBARQUEMENT POUR CYTHERE.

(Nº. 104.)

A Paphos veut-on voyager ?
Voici ce qu'il faut faire :
Quoique l'on dise du danger,
La route a de quoi plaire.
On ne doit point avoir peur
Sur les flots de Cythere,
Quand on est bon rameur.

Non ! non ! ce n'est point un rocher
Qu'une beauté severe,
Ne craignez point d'en approcher,
Jeune & vaillant Corsaire . . .
On ne doit, &c.

Arborez d'abord pavillon
D'amour tendre & sincere.
Qui vogue en chantant sur ce ton,
On ne le fait point taire.
　　On ne doit, &c.

Si par fois vous voyez troubler
Vos feux par une mere,
C'est un cap qu'il faudra doubler,
Ce n'est pas une affaire.
　　On ne doit, &c.

Pour le vent désormais jaloux
La bourasque est légere :
Souvent il soufflera pour vous,
Au lieu d'être contraire.
　　On ne doit, &c.

Si vous êtes ferme à l'abord,
En tout temps téméraire,
Vous mouillerez toujours au port.
Voilà tout le mystere.
　　On ne doit, &c.

Faites gaiement tout le trajet,
La route a de quoi plaire ;
Et dès que le voyage est fait,
Songez à le refaire.
　　On ne doit, &c.

On

On ne doit point ramer toujours,
Ainsi qu'un mercenaire ;
Prenez terre après un long cours,
Mais n'y demeurez guères.
    On ne doit, &c.

Voguez, le plaisir est certain,
Et la crainte est chimere :
La fille craint-elle un chemin
Qu'a fait cent fois sa mere ?
    On ne doit, &c.

Que les vents forcent leurs prisons,
Qu'il tonne, qu'il éclaire ;
Quand l'amour prendra le timon,
Tous les vents vont se taire.
    On ne doit point avoir peur
Sur les flots de Cythere,
    Quand on est bon rameur.

* * * * * * * * * * * * *

TABLEAU DE L'ANCIEN TEMPS.
(Nᶜ. 105.)

Dans ma jeunesse
L'on se divertissoit,
Chacun se trémoussoit,
Avec grace on dansoit,
Dans un bal on faisoit
Admirer son adresse ;

K

Aujourd'hui ce n'est plus cela.
  Ce n'est qu'indolence,
  Langueur, négligence;
  Les graces, la danse
  Vont en décadence,
Et le Bal va cahin, caha,
Et le Bal va cahin, caha.

  DANS ma jeunesse
  La vérité regnoit,
  La vertu dominoit,
  La constance brilloit,
  La bonne foi régloit
  L'amant & la maîtresse;
Aujourd'hui ce n'est plus cela.
  Ce n'est qu'injustice,
  Changement, caprice,
  Trahison, malice,
  Détour, artifice,
Et l'amour va cahin, caha.
Et l'amour va cahin, caha.

  DANS ma jeunesse
  Les veuves, les mineurs,
  Avoient des défenseurs;
  Avocats, Procureurs,
  Juges & Rapporteurs
  Soutenoient leurs foiblesses;

Aujourd'hui ce n'est plus cela.
    L'on gruge, l'on pille ;
    Si l'argent ne brille,
    Tout est inutile.
Et Thémis va cahin, caha,
Et Thémis va cahin, caha.

I.

        DANS ma jeunesse
    Les papas, les mamans,
    Toujours vigilans
    En dépit des amans,
    De leurs tendrons charmans
    Conservoient la sagesse ;
Aujourd'hui ce n'est plus cela.
    L'amant est habile,
    La fille docile,
    La mere facile,
    Le pere imbécile ;
Et l'amour va cahin, caha,
Et l'amour va cahin, caha.

        DANS ma jeunesse,
    On voyoit des Auteurs
    Excellens Producteurs,
    Enchanter les Lecteurs,
    Charmer les Spectateurs
    Par leur délicatesse ;

Aujourd'hui ce n'est plus cela.
  Les Rimes languissent,
  Les Vers assoupissent,
  Les Muses gémissent,
  Succombent, périssent.
Pégase va cahin, caha,
Pégase va cahin, caha.

   DANS ma jeunesse,
  Quand deux cœurs amoureux
  S'unissoient tous les deux,
  Ils sentoient mêmes feux ;
  De l'hymen les doux nœuds
  Augmentoient leur tendresse ;
Aujourd'hui ce n'est plus cela.
  Quand l'hymen s'en mêle,
  L'ardeur la plus belle
  Devient étincelle ;
  L'amour bat de l'aîle.
Et l'époux va cahin, caha,
Et l'époux va cahin, caha.

   DANS ma jeunesse
  L'homme sobre & prudent,
  Aux plaisirs moins ardent,
  Se bornoît sagement ;
  Et son ménagement
  Retardoit la vieillesse ;

Aujourd'hui ce n'est plus cela.
    Turbulent, volage,
    Honteux d'être sage,
    Le libertinage
    Chez lui prévient l'âge.
Bientôt il va cahin, caha,
Bien-tôt il va cahin, caha.

    DANS ma jeunesse
    Les veuves de vingt ans
    Renonçoient aux amants,
    De leurs engagemens
    Les devoirs importans
    Les occupoient sans cesse ;
Aujourd'hui ce n'est plus cela.
    Plus d'une grand'mere
    S'efforce de plaire,
    Et veut encor' faire
    Un tour à Cythere.
La bonne y va cahin, caha,
La bonne y va cahin, caha.

    DANS ma jeunesse
    Les Spectacles chéris
    Se voyoient applaudis,
    Le Parterre rempli,
    Le Théâtre garni
Nous combloient d'allégresse.
              K iij

Faites-nous voir encor' cela.
  Qu'une ardeur nouvelle,
  Chez nous vous rappelle,
  Pour vous notre zèle
  Ardent & fidèle
Jamais n'ira cahin, caha,
Jamais n'ira cahin, caha.

CHANSON EN L'HONNEUR DU MARECHAL DE SAXE.

(N°. 106.)

QUE tout ici se réunisse,
Pour célébrer le grand Maurice;
Qu'un rouge bord, & souvent répété,
Marque nos vœux pour sa santé.
Quelle santé pourrions-nous boire,
Qui fût plus chere à notre cœur?
Fait pour l'amour, né pour la gloire,
Maurice fut toujours vainqueur.

  QUAND Mars le laisse auprès des
       belles,
Il est charmant, il n'aime qu'elles;
Jamais l'amour n'a vu par tant d'ex-
      ploits
Exécuter ses douces loix;

Mais dès l'instant qu'au bruit des armes
Bellone assemble ses Guerriers.
L'amour a beau verser des larmes,
Maurice court à des lauriers.

Ainsi toujours ce grand courage
Brûle d'un feu qui le partage
Entre l'amour & le Dieu des combats,
Dont tour à tour il suit les pas.
Vive un Héros fier & terrible,
Quand Mars l'appelle à ses travaux.
Vive un Héros tendre & sensible,
Quand Mars a plié ses drapeaux.

Reunissons tous nos suffrages,
Puisqu'il a ces dons en partage,
Et que la paix descend dans ces bas
lieux.
Oui ! célébrons ce jour heureux :
Qu'à tout jamais on le chérisse,
Et qu'il soit souvent répété :
Vive à jamais le grand Maurice,
Qui nous rend la tranquillité.

LE BUVEUR GLOUTON.

AIR. *Je ne comprends pas.* (N°. 107.)

QU'on m'ôte ces vafes fuperflus,
Se fervir d'un verre eft un abus ;
A petits coups vuider un flacon,
Le détail en eft trop long,
Et j'y fais moins de façons.
Ma foi je ne bois point par extrait,
Je veux l'avaller tout d'un trait.

JE ne comprends pas, ami Lucas,
D'où te vient cet embarras ;
Nous n'avons point d'importun ici,
Ni ta femme, Dieu merci.
D'où te vient donc ce fouci ?
Se feroit-elle fait un ami,
Craindrois tu le Miffiffipi ?

VAUDEVILLE.

AIR. *L'Amant fidèle.* (N°. 108.)

TIRCIS aimable,
Reftons à table

Jusqu'à demain.
Buvons sans cesse
A ta maîtresse,
Jusqu'à demain.

CHARMANTE blonde,
L'Amour te gronde ;
J'entends sa voix,
Préviens l'alarme,
Il prend ses armes
Et son carquois.

BRUNE piquante,
Ton air m'enchante :
Tes doux regards,
Tes yeux font naître
Des coups bien traîtres,
De toutes parts.

L'AIR de franchise
Est la devise
De mon amant.
Son cœur sincere
Sçait mieux me plaire
Qu'un soupirant.

LA TIMIDE.

AIR. *Je n'ose en prononcer le nom.*
(Nº. 109.)

DE vos yeux le doux langage
S'est fait entendre à mon cœur;
Mais je crains, si je m'engage,
De voir finir votre ardeur.
Non: non:
Si l'Amour n'a qu'une saison,
Je veux fuir son esclavage.
Non: non:
Si l'Amour n'a qu'une saison,
Je veux garder ma raison.

AUTRE. (Nº. 110.)

JE te trouve des appas
Que tous les autres n'ont pas:
Ton air est doux, ta voix tendre:
J'aime à te voir, à t'entendre.
Mon cœur se rendroit Berger,
Si le tien n'étoit léger.

Oui, tu fais trop bien l'amour
Pour le faire de ce jour:
On dit qu'à plus d'une belle
Tu juras d'être fidèle.
Mon cœur, &c.

Ah! Lucas, éloigne toi:
Quel empire as-tu sur moi?
Je voudrois fuir, sort funeste!
Je te regarde, & je reste:
Si mon cœur se rend Berger,
Le tien sera-t-il léger?

L'APPARENCE TROMPEUSE.

(N°. 111.)

S'Il ne falloit que bien aimer
Pour attendrir ma Bergere,
Rien ne pourroit m'allarmer.
Mais, hélas! ce n'est pas l'Amant le plus
   sincere
Qui doit esperer d'être heureux;
C'est toujours celui qui sçait plaire
Que l'on croit le plus amoureux.

AVEU.

Sur l'air des Sabotiers. (Nº. 112.)

Du plus beau feu
Recevez l'aveu,
Y résister le peut-on?
Non.
L'on est souvent
Dupe d'un Amant;
Mais, j'aime de bonne foi;
Moi.

Que votre cœur
Couronne ma tendre ardeur,
Où qu'à jamais,
D'amour il brave les traits;
Je vous dirai
Tant que je vivrai,
Quel est mon bien le plus doux;
Vous.

LES ADIEUX GRIVOIS.

(Attribués à M. Voltaire. Nº. 89.)

ADIEU donc, cher la Tulippe,
Cher la Tulippe, adieu donc:
Tu quittes la Garnison,
Tu m'aimois plus que ta pippe;
Et v'là que Fanchon la lippe
    Sans honneur
    Engueuse ton cœur.

JE vais suivre La Ramée,
Quoiqu'il ne soit que Tambour;
Il n'est beau, ni fait au tour;
Mais dedans toute l'armée,
Je serai la plus aimée:
    Car en amour
    Il va droit toujours.

J'AI passé par les baguettes,
Pour t'avoir aimé trop fort.
Quel chien, quel bigre de sort!
Je n'ons pas une cornette,
Tandis que ta Fanchonette
    Tous les jours
    A de beaux atours.

QUAND j'a juſtois ta cocarde
Et repaſſois ton col noir,
C'étoit donc pour aller voir
Cette charmante Camarde ?
Ces Meſſieurs du corps de garde
Diſoient bien,
Que c'étoit vilain.

Tu me trouvois ſi gentille,
Avec mon petit air chien ;
Hélas ! te ſouvient-il bien
De ce jour qu'à la courtille
Tu ſaboulis ce grand drille,
Qui, je croi
Se moquoit de moi.

BUVONS encore chopinette
De ce joli brandevin ;
Bois au Tambour de Catin,
Catin boit à Fanchonnette ;
Baiſons-nous en godinette,
Mon enfant,
Démurge le camp.

LES AVEUX SINCERES.

AIR. *Dans un bois solitaire & sombre.*
(N°. 67.)

CERTAIN jour la jeune Nérine
Exprimoit ainsi ses regrets,
Sur le penchant d'une colline,
Théatre des plaisirs secrets.

J'AVOIS juré dès mon enfance,
D'éviter tout engagement ;
Mon esprit, toujours en défence,
Ne chérissoit que l'enjouëment.

MAIS la résistance est frivole,
Tot ou tard l'amour est vainqueur ;
L'arc se bande, le trait vole,
Le poison coule dans le cœur.

QUELLE étoit mon erreur extrême,
De fuir un bien aussi flatteur !
Je ne vis que depuis que j'aime,
Et Tircis est mon créateur.

QU'IL me semble sincère & tendre !
Il n'eut pas besoin d'autre appui.
L'Amant se fait bien vite entendre,
Quand le cœur nous parle pour lui.

Gason, où sur les dons de Flore
Je me plaisois à badiner,
Vous vîtes son ardeur éclore,
Et vous la vîtes couronner.

Ah! disoit-il dans son yvresse,
Je brûle du feu de tes yeux:
Il me le répetoit sans cesse,
Et me le prouvoit encore mieux.

Dans ce sentier, quoique novices,
Nous marchions à pas de geant;
Et mille torrens de délices
Nous plongeoient au plus doux néant.

Jamais au gré de notre envie,
Nous n'y demeurions trop long-temps;
Et nous ne desirions la vie,
Que pour mourir à tous momens.

Ravissement inexprimable,
Vous qui formez seul les beaux jours,
Que n'êtes vous donc moins aimable,
Ou que ne durez vous toujours!

F I N.

N.º 1.
N.º 2.
N.º 3.
N.º 4.

N.º 5.
Fin.
N.º 6.

3
3
3
3
3
3.e
3
Fin
3

4
N.° 7.
N.° 8.
N.° 9.
Fin.
N.° 10.

Fin.
N.º 11.
N.º 12.
Fin.
N.º 13.

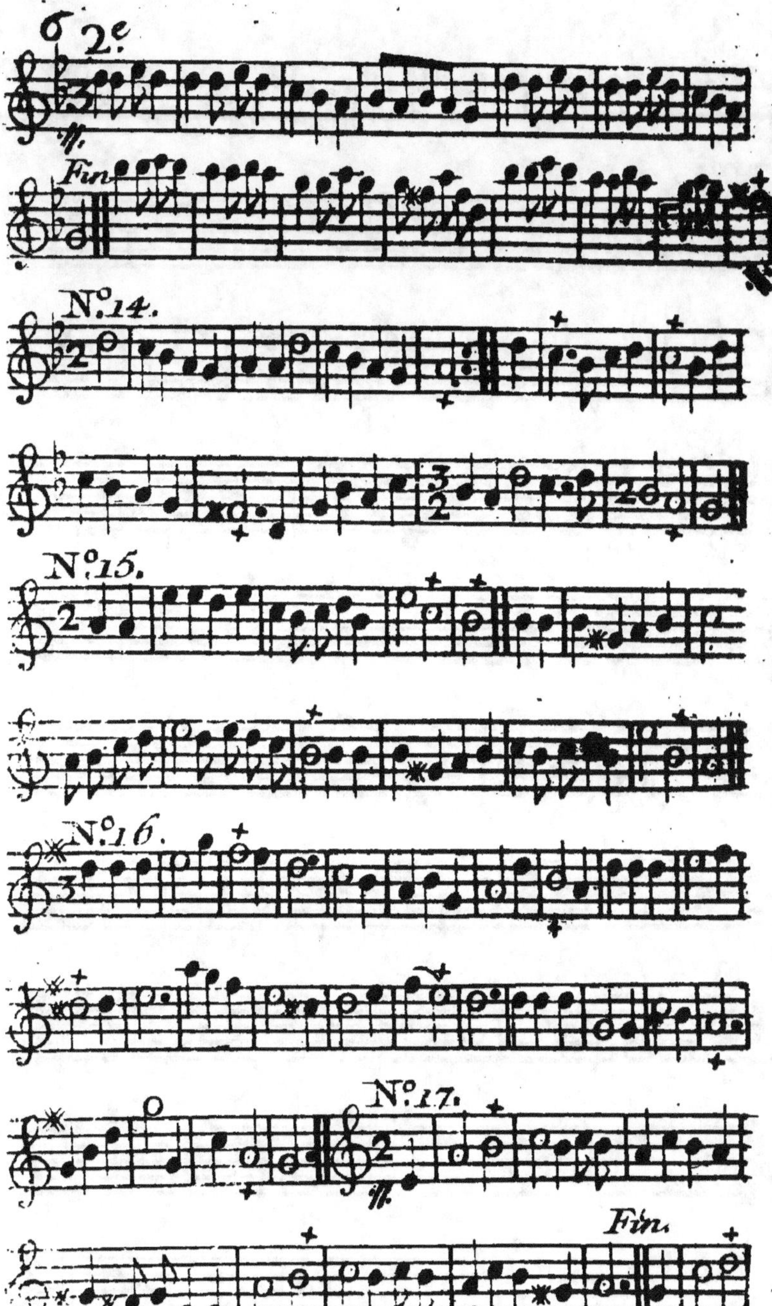
2e
Fin
N°.14.
N°.15.
N°.16.
N°.17.
Fin.

Nº 18.

Nº 19.

Fin.

Nº 20.

8 Nº 21.
Nº 22.
Nº 23.

N.º 24.
N.º 25.
N.º 26
N.º 27.
Fin

N.º 28.
N.º 29.
N.º 30.
N.º 31.

N° 33.

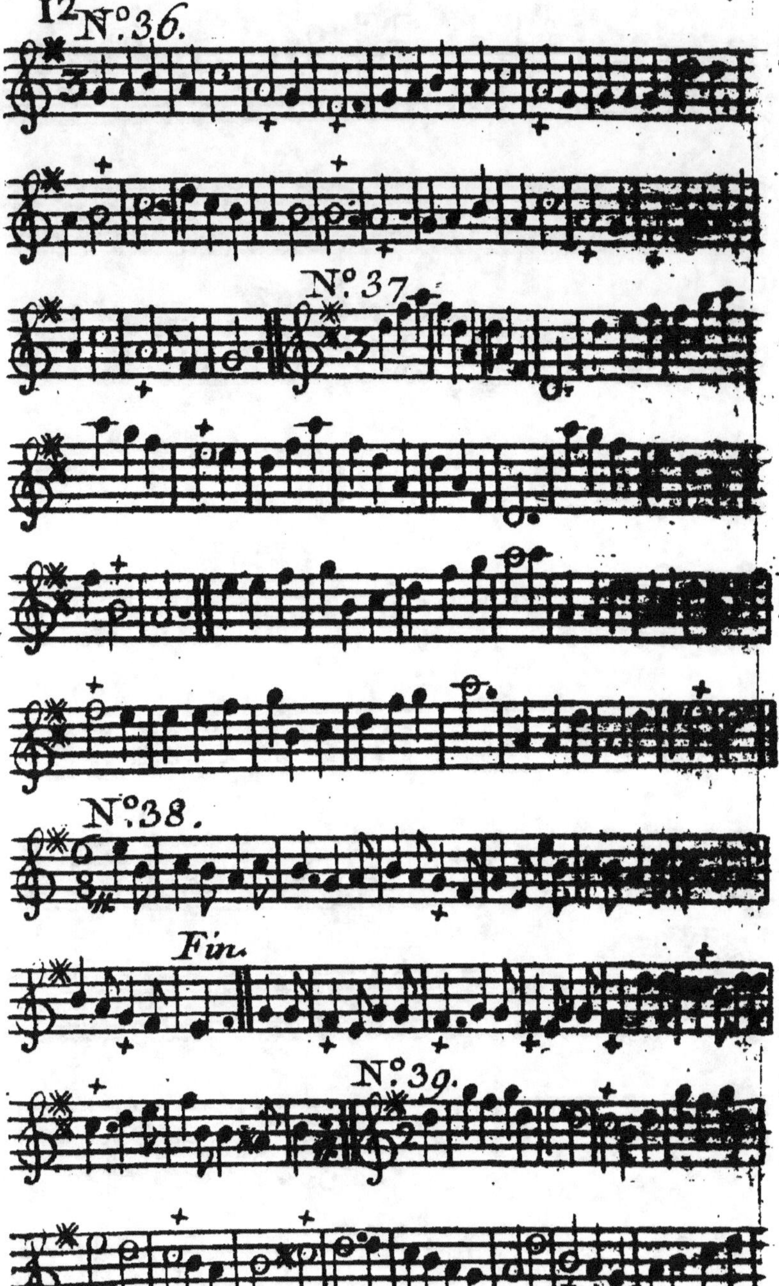
N°. 36.
N°. 37
N°. 38.
Fin.
N°. 39.

Nº 40.
Nº 41.
Fin.
Nº 42.

14 N.º43.
N.º44
N.º45.
N.º46.

N°47
N°48.
N°49.
N°50.

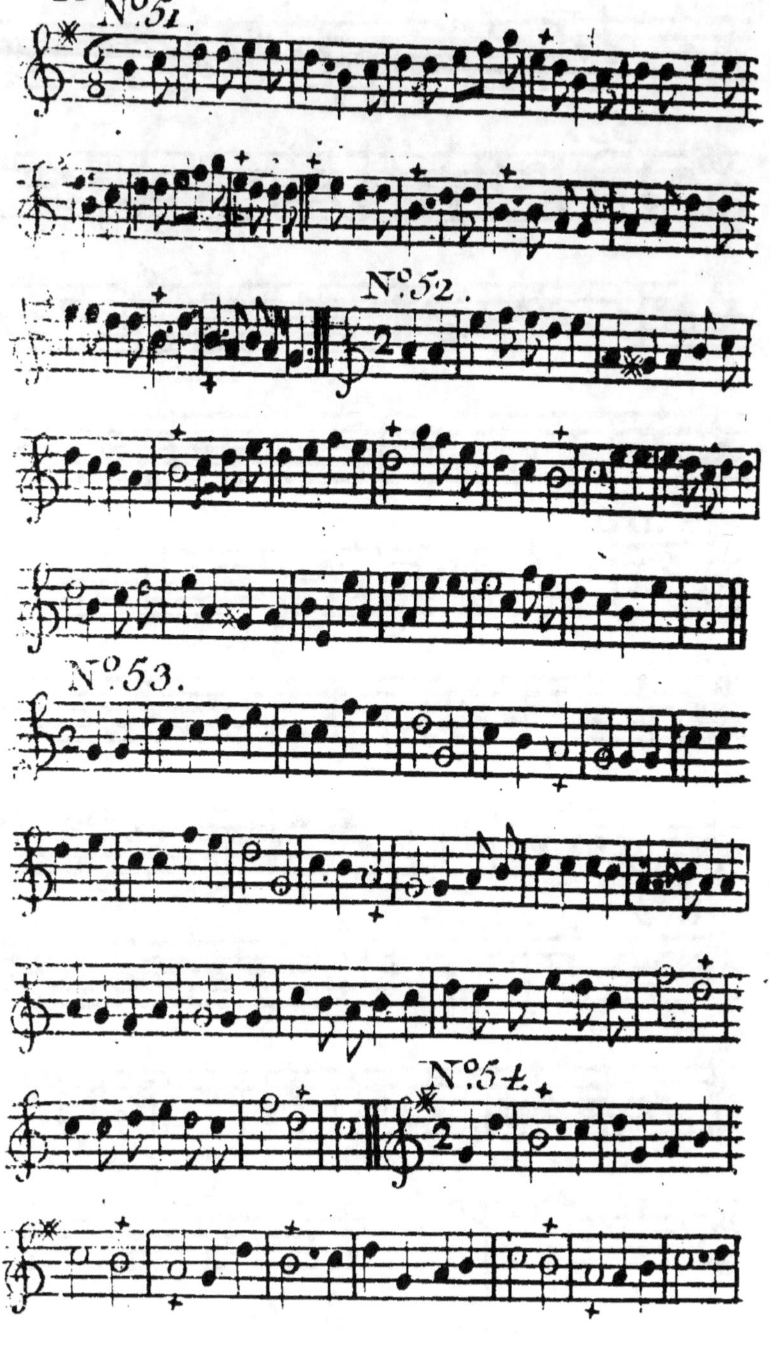
N°.51.
N°.52.
N°.53.
N°.54.

No. 55.
No. 56.
No. 57.

18 Nº.58.
Nº.59.
Nº.60.

N.º 61.
N.º 62.
N.º 63.
N.º 64.

20
N.º 65.
N.º 66.
N.º 67.
N.º 68.
N.º 69.

Nº. 70.

22 Nº.71.
Nº.72.
Nº.73.
Nº.74.
Nº.75.

N.° 76.
Fin.
N.° 77
N.° 78.
N.° 79.
Fin.

25
N.44.
N.85.

26
Nº 86.
Nº 87
Nº 88.
Nº 89.
Nº 90

Nº. 01.
Nº. 02.
Nº. 03.
Nº. 04.

Nº 95.

Nº 96.

Nº 97.

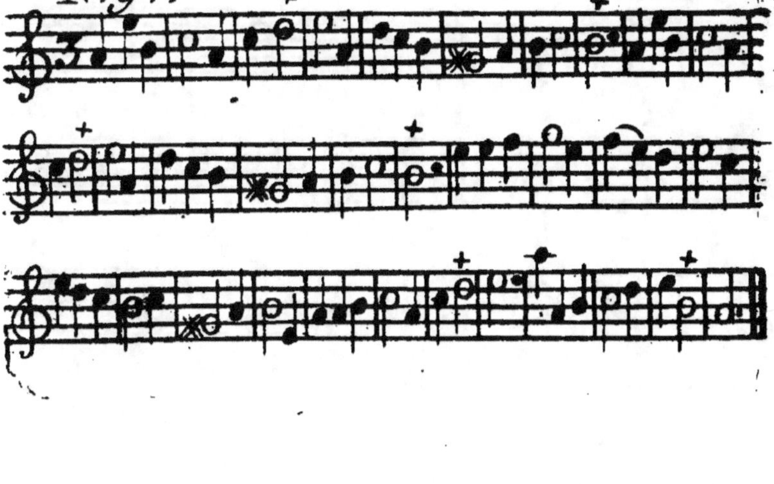

N.° 98.
N.° 99.
N.° 100.
N.° 101.

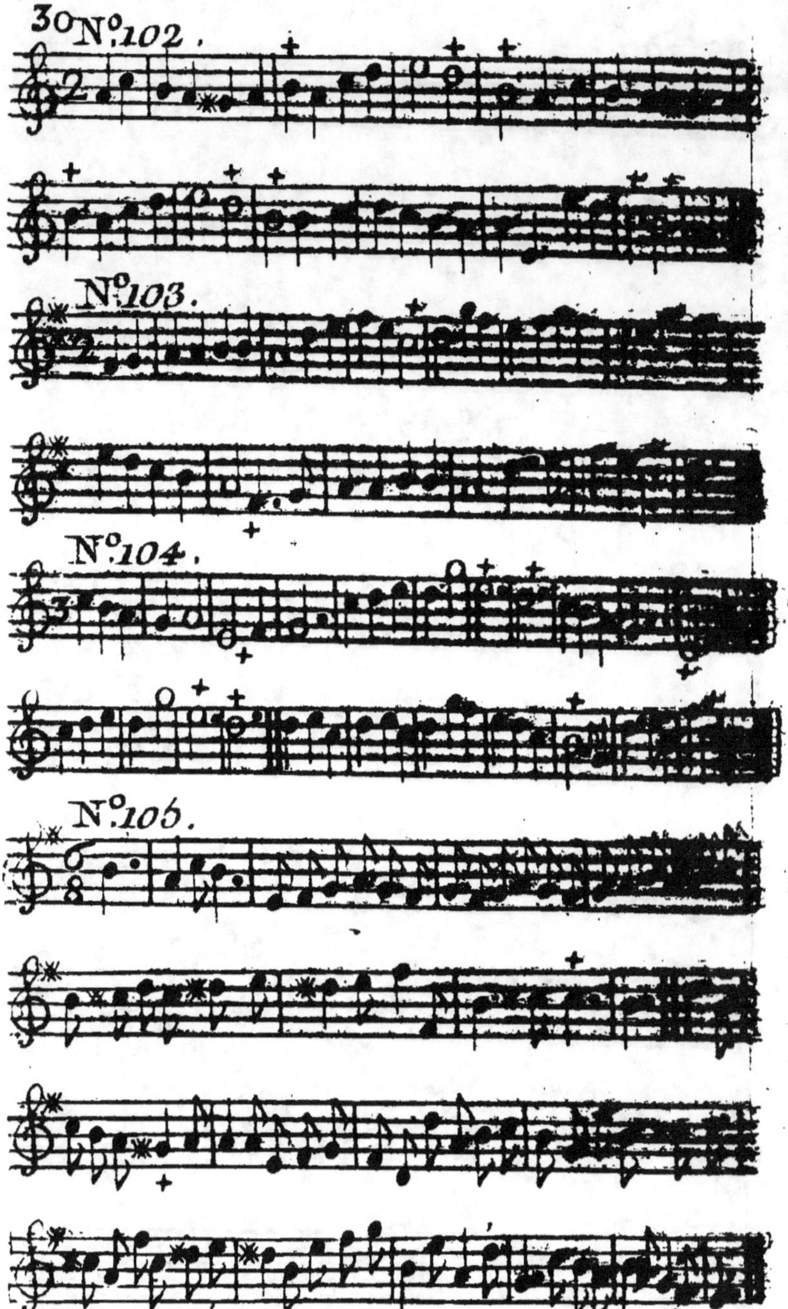
N°.102.
N°.103.
N°.104.
N°.105.

N°.106.
N°.107.
N°.108.
N°.109.

32 N° 110.
N° 111.
N° 112.
1er Recueil.
Fin